CONHECIMENTO em TI

CONHECIMENTO em TI

O Que os Executivos Precisam Saber para Conduzirem com Sucesso TI em suas Empresas

Peter Weill
&
Jeanne W. Ross

M.BOOKS

M.Books do Brasil Editora Ltda.

Rua Jorge Americano, 61 - Alto da Lapa
05083-130 - São Paulo - SP - Telefones: (11) 3645-0409/(11) 3645-0410
Fax: (11) 3832-0335 - e-mail: vendas@mbooks.com.br
www.mbooks.com.br

Dados de Catalogação na Publicação

Weill, Peter; Ross, Jeanne W.
Conhecimento em TI. O que os executivos precisam saber para conduzirem com sucesso a TI em suas empresas/Peter Weill, Jeanne W. Ross
2010 – São Paulo – M.Books do Brasil Editora Ltda.

1. Administração 2. Tecnologia da Informação 3. Governança de TI 4. Negócios

ISBN: 978-85-7680-092-7

Do original: It Savvy. What Top Executives Must Know To Go From Pain To Gain.

Editor
Milton Mira de Assumpção Filho

Tradução
R. Brian Taylor

Produção Editorial
Lucimara Leal

Coordenação Gráfica
Silas Camargo

Editoração e Capa
Crontec

Sumário

Agradecimentos

Agradecemos o apoio dos patronos do Center for Information Systems Research (CISR) do MIT – Boston Consulting Group, BT Group, Diamond Management & Technology Consultants, Gartner, IBM, Microsoft e Tata Consultancy Services – e dos patrocinadores (até 1º de janeiro de 2009): Aetna, Allstate Insurance, ANZ Banking Group (Austrália), AstraZeneca Pharmaceuticals, Banco Itaú (Brasil), Banco Real (Brasil), BP, Campbell Soup, Canadian Imperial Bank of Commerce, CareFirst BlueCross BlueShield, Caterpillar, Celanese, Chevron, CHRISTUS Health, Chubb & Son, Commonwealth Bank of Australia, Credit Suisse (Suíça), Det Norske Veritas (Noruega), DHL Global Management (Alemanha), Direct Energy, Empresa Brasileira de Aeronáutica – Ember (Brasil), EMC, ExxonMobil Global Services, Fidelity Investments, Guardian Life Insurance Company of America, Hartford Life, HBOS Australia, ING Groep (Países Baixos), Intel, International Finance, Johnson & Johnson, Liberty Mutual Group, Marathon Oil, Mars, Merril Lynch & Co., MetLife, Mohegan Sun, NASA, Nissan North America, Nomura Research Institute (Japão), Parsons Brinckerhoff, PepsiAmericas, PepsiCo International, Pfizer, PNC Global Investment Servicing, Procter & Gamble, Quest Diagnostics, Raytheon, Renault (França), Standard & Poor's, State Street Corporation, Sunoco, TD Bank, Time Warner Cable, Trinity Health, TRW Automotive, Unibanco (Brasil), VF Corporation, Walmart e World Bank.

Essas empresas não apenas informaram e financiaram nossas pesquisas, como também investigaram nossas suposições, testaram nossas ideias, debateram nossas descobertas e implementaram e melhoraram nosso trabalho. Não teríamos conseguido realizar este trabalho sem elas, e somos gratos por serem parte da comunidade CISR do MIT.

Durante o estudo e a redação deste livro, tivemos a oportunidade de trabalhar com muitos gerentes extraordinários e colegas acadêmicos que influenciaram nosso pensamento e reforçaram nossas paixões. Primeiramente, gostaríamos de agradecer aos gerentes que compartilharam seus *insights* e, em muitos casos, nos proporcionaram alguns exemplos para o livro. Esses gerentes foram Yuka Ozaki, Toshifumi Suzuki e Makoto Usai, da 7-Eleven Japan; Al-Noor Ramji e J.P.Rangaswami, da BT; Michael Moeller, Joe Spagnioletti e Doreen Wright, da Campbell Soup; Dave Keppler e Frank Luijckx, da The Dow Chemical Company; Frank Wander, da Guardian Life Insurance; Martin Vonk, da ING Direct, e Michael Vincent, da ING; Martin Curley e Malvina Nisman, da Intel; Michael Harte, Mark Potter, Mark Reed, Tim Whiteley e todos os executivos de TI e não TI com quem trabalhamos na CBA; Kumud Kalia, da Direct Energy; Karl Wachs, da Celanese; Jonathan White, da Pfizer; Kristine Goodwin, Tom Lydon e Rebecca Rhoads, da Raytheon; Ken Johnsen, John Kreul e Irina Raff, da PepsiAmericas; Joe Antonellis, James Brunner, Robert Kaplan, Chris Perretta, David Saul e Emilio Umeoka, da Microsoft; Pat Hewlett e seus colegas, da ExxonMobile; Michael Brooke e Ken Cooke, da PricewaterhouseCoopers; Dave Barnes, Mike Eskew, Ken Lacy e Jim Medeiros, da UPS; Guido Kehl, Marcus Schmid, Sylvia Steinmann e Yuri Zaytsev, da Swiss Re; Rosalee Hermens, da Timberland; Roland Paanaker na Nike; Richard Hoynes, da Tyco; Brad Peterson, do eBay; Julio Gomes, Pedro Moreira Salles e seus colegas, do Unibanco; Carlos A. Mesquita, Filippo Passerini e Robert Scott, da Procter & Gamble; Tom Nealon, da JC Penney; Charlie Feld, da EDS; Ken Leblanc e Mark Quigley, da EMC; Meg McCarthy e Ron Williams, da Aetna; e Bob Jordan e Jan Marshall, da Southwest Airlines.

Gostaríamos também de agradecer a todos os gerentes que participaram das entrevistas dos estudos de casos e aqueles que reservaram um tempo para responder às perguntas da nossa pesquisa, dar suas próprias opiniões e investigar nossas suposições. Somos gratos a todos por fazerem com que este livro fosse possível.

Colegas em outras universidades que contribuíram para a pesquisa neste livro incluem: professor Sinan Aral, da New York University; professora Cynthia Beath, da University of Texas-Austin; professor Mani Subramani, da Carlson School na University of Minnesota; professores Christina Soh e S. K. Siew, da Nanyang Technological University em Cingapura; e Dr. Nils Fonstad, da INSEAD na França (anteriormente do CISR do MIT). Queremos agradecer especialmente ao Dr. Stephanie Woerner, cientista de pesquisa na CISR do MIT, que participou ativamente dessa pesquisa.

Agradecimentos a Koki Yodokawa e Kei Nagayama, do Nomura Research Institute no Japão, que nos ajudaram a entender por que a 7-Eleven Japan tem tanto sucesso. Também queremos agradecer às muitas pessoas que nos proporcionaram observações e *feedbacks* importantes para este livro, incluindo John

Sviokla e Chris Curran, da Diamond Management & Technology Consultants; Mark McDonald, da Gartner; Ananth Krishnan e Vipul Shah, da TCS; Mark Ernest e Brian Barnier, da IBM; e Samm DiStasio, Donald Koscheka e Shafeen Charania, da Microsoft. Um obrigado especial aos muitos executivos que fizeram comentários durante nossa apresentação ou nos procuraram depois para compartilhar seus *insights* e debater questões – nós prosperamos em nossa paixão.

Também queremos agradecer a Juan Ayala, da Microsoft, pelas suas discussões bastante perspicazes, usando sua experiência para ajudar empresas do mundo todo a melhorarem seu valor de negócios de TI.

Além dos revisores anônimos, três colegas leram todo o manuscrito e nos proporcionaram não apenas comentários valiosos, mas também entusiasmo e debate que foram muito apreciados: dr. Chuck Gibson, do CISR do MIT; Stuart Scantlebury, do BCG; e Gail Pemberton-Burke, da Korn Ferry. Muito obrigado pelos seus comentários, que estão refletidos nesta versão final do livro.

Queremos agradecer a Francisco González-Mesa Hoffmann, Donna Pitteri, Susie Lee, Richard Woodham, Jason Chapman, Arthur Villa, Jamie Buckley e Emmett Johnson, todos os pesquisadores do CISR do MIT, que nos ajudaram a conduzir a pesquisa usada neste livro. Individualmente e como uma equipe, eles adicionaram precisão, profissionalismo, camaradagem e *insight*.

Nossos colegas David Fitzgerald III, Chris Foglia e Tea Huot, do CISR do MIT, administraram o processo de edição do livro com entusiasmo e profissionalismo. Eles arquitetaram o modelo dos capítulos, produziram as figuras, impuseram o controle da versão, rastrearam as citações, checaram as contradições, revisaram as provas, criaram inovações nas ferramentas de colaboração e quase conseguiram manter-nos no cronograma previsto. Beneficiamo-nos com todo seu trabalho árduo, encorajamento e atitudes positivas.

A redação deste livro, assim como nossos esforços contínuos de pesquisa, não teria sido possível sem o apoio de nossos colegas do CISR do MIT e da Sloan School of Management. Chris Foglia todos os dias traz novas energias e ótima atitude ao seu papel de diretora associada do CISR do MIT. Ela provou que não há questão estratégica, técnica, financeira, artística ou organizacional no CISR do MIT que não possa ser endereçada. Tea Huot trouxe para o CISR do MIT uma confidência calma, um excelente olho clínico, a atitude de poder fazer e habilidades organizacionais extraordinárias. Temos sorte de tê-lo em nossa equipe. Também damos as boas-vindas a Erika Larson ao CISR do MIT e à panaceia que ela traz para o grupo. À Anita Horn, da Sloan IT, um enorme obrigado por nos manter para cima e cantarolando. E somos gratos aos nossos colegas de pesquisa: Nils Fonstad, Chuck Gibson, Wanda Orlikowski, Jack Rockart, George Westerman, Stephanie Woerner e à professora visitante Lynne Markus. Beneficiamo-nos enormemente com seus fervores, encorajamentos, *insights* e camaradagem, e por fazerem parte da família do CISR do MIT.

O CISR do MIT é um centro de pesquisa no Sloan School of Management. Temos orgulho e privilégio de trabalhar nesse ambiente de pesquisa rico e entusiástico. Beneficiamo-nos do apoio e encorajamento dos reitores David Schmittlein, Steven Eppinger, JoAnne Yates e Rob Freund, assim como da ex-chefe de departamento, professora Wanda Orlikowski, e do chefe do Grupo de TI, professor Thomas Malone.

Ficamos encantados em trabalhar novamente com a incrível Kirsten Sandberg na Harvard Business Press. Kirsten, como nossa editora para este livro e para os quatro livros anteriores, tem um entendimento maravilhoso de quando cutucar, quando criticar e quando apoiar. Ela continuamente adiciona valor, e somos muito agradecidos a ela e a seus colegas na HBS Press.

Este livro é o mais recente de muitas colaborações maravilhosas entre nós dois. Compartilhamos os mesmos valores sobre o que é importante para os executivos e como a pesquisa pode ajudar. Porém, chegamos ao problema de dois pontos de vista de pesquisa diferentes, e é o produto desses dois pontos de vista que gera a riqueza e os *insights* que esperamos que o leitor encontre neste livro. O agrupamento desses dois pontos de vista envolveu muitos debates calorosos, frequentemente conduzidos numa velocidade vertiginosa e com muita paixão. Não há nada tão desafiador e essencialmente satisfatório que a certeza de que o leitor está certo – até que seja convencido por outra pessoa de que há outra resposta, até melhor. Esperamos que nossa colaboração continue até ambos caducarmos.

Nota Pessoal de Peter

Gostaria de dedicar este livro ao mais novo membro da pequena, porém global, família Weill – Liam Hugo Weill, que se juntou a nós em dezembro de 2008. LHW e seus contemporâneos representam o futuro, e espero que nutram o que deixamos para eles de bom e que retifiquem o que fizemos de errado.

Gostaria de agradecer aos meus colegas no MIT. Um gerente em Cingapura recentemente me perguntou se eu gostava de trabalhar no MIT. Sem pestanejar, eu disse: “Mudei-me para o MIT há aproximadamente dez anos, e academicamente alcancei o Nirvana”. Sinto-me honrado e afortunado por fazer parte da comunidade do MIT e por trabalhar todos os dias no *Center for Information Systems Research* da *Sloan School of Management* do MIT. Eu agora tenho um novo papel global, o qual me permite trabalhar com executivos do mundo todo para melhor entender, e melhor comunicar, como obter o máximo de valor de negócios da TI. Sinto-me privilegiado.

Meu interesse sobre o tópico de obter valor de negócios da TI surgiu no meu primeiro emprego. Eu era assistente do diretor de manufatura de uma empresa internacional de bens para consumo que gastava livremente com TI. Lembro-me com carinho de minha última tarefa todas as sextas-feiras à noite: carregar, na mão, por um quilômetro e meio mais ou menos, um pacote com fitas magnéticas grandes, da sala do centro de computadores para a instalação de produção para a sala do centro de computadores para o departamento de contabilidade. As fitas continham os números de produção da semana para serem inseridos no sistema contábil. A empresa era relativamente moderna em relação à TI para sua época. Mas eu sempre senti que não sabíamos o suficiente sobre como maximizar valor. A história era a mesma quando eu conversava com os executivos em outras organizações. Deveríamos ter feito melhor – e não chegamos nem perto do sucesso que algumas empresas haviam alcançado. Como elas fizeram isso? Até agora, passei minha carreira toda tentando responder a essa pergunta. Este livro é, em parte, nossa resposta a tal pergunta.

Gostaria de agradecer à minha esposa, dra. Margi Olson, que é minha parceira na vida, melhor amiga, colaboradora e crítica fervorosa. À medida que seguimos juntos pela vida, percebo a cada dia como sou afortunado por estar com ela. De alguma maneira ela consegue, de uma só vez, dar apoio, carinho, ser perspicaz, ser generosa e ser uma das manejadoras mais ferozes de canetas vermelhas que conheço. Obrigado por estar sempre pronta para debater – reiteradamente – por que as empresas agem como agem e não como achamos que elas deveriam agir. Obrigado também por ser uma estudante vitalícia e perspicaz de organizações.

Para minha mãe, Hilde Weill, obrigado pelo seu amor, espírito generoso, bons genes e excelentes valores. À minha família australiana Weill – Stephen, Lois, David e Simon –, obrigado por todo seu amor e apoio, e é ótimo passar mais tempo com vocês. Para minha família americana Weill – Geoffrey, Noa, Benjamin, Zoe e agora Liam – e minha família Weill de Mumbai – Ilan, Sharon, Sean, Ashley e Tommy –, obrigado por me ajudarem a melhor entender a família e me sentir parte desta. Para minha outra família americana – Jed, Maria, Katie O e Quinn –, amo vocês. E por último, para Tim Schalger de Two Good, obrigado por manter meu corpo se movimentando apesar dos desafios.

Nota Pessoal de Jeanne

Estamos acabando o livro na mesma época em que eu e meu marido, Dan, completamos mais um dos nossos 31 anos caóticos juntos. Obrigada, Dan, pelo seu amor e apoio, e por ter se mudado de volta para Boston. Todos os dias a caminho do trabalho eu contemplo a sorte que tenho. Você é a maior parte da minha boa sorte.

Quero agradecer ao Adam, Julie e Steffie por toda a alegria que eles trazem para nossas vidas. Apreciamos muito o tempo com vocês e adoramos as aventuras que nos são proporcionadas por vocês.

Aos meus pais, Russ e Mary Wenzel, obrigada pelo amor, suporte e encorajamento. Vocês tanto dão e pedem tão pouco em retorno. E aos meus irmãos, Pat e Jim, Jo, Barb e Mark, Russ e Diane e Dave e Jill, obrigada pelo simples prazer de passar tempo com a família. Nunca é suficiente.

E a Cindy e Stuart Lazarus, obrigada por terem desabrochado o Capítulo 1 em sua agradável residência em Seabrook Island. Vocês sabem ser divertidos mesmo quando seus convidados não o são. E obrigada pelos seus comentários, Stuart – eles nos mantiveram seguindo em frente.

E, por último, obrigada aos nossos amigos de Columbus, que são sempre queridos, e aos nossos amigos de Acton, que nos receberam de volta de braços abertos. Vocês estão entre as nossas benções mais carinhosas.

Prefácio

Enquanto escrevemos este prefácio, o mundo dos negócios passa pelo que parece ser a pior crise financeira, e de maior projeção, que já vimos. Bancos, indústrias automobilísticas, agências governamentais, nações, estados, fundos de pensão e a confiança no geral sofreram uma queda. Um dos nossos teóricos em administração favorito é Nicolau Maquiavel (1469-1530). Ele nos adverte de que nunca, mas nunca mesmo, devemos desperdiçar uma "boa" crise.

À medida que trabalhamos a crise financeira, as empresas precisarão repensar suas operações. Não será mais suficiente para elas passarem por longos períodos de gastos para crescerem e, depois, por períodos de racionamento dos custos para aumentarem as margens. O ambiente de negócios global de hoje e a comunidade de investimentos exigem lucro e crescimento, simultaneamente. Alcançar consistentemente um crescimento lucrativo significará administrar para alcançar, ao mesmo tempo, racionalização e agilidade nos negócios. Isso exigirá mudanças no modo como as empresas operam. Talvez a crise tenha um lado positivo. As pessoas e as organizações estarão muito mais dispostas do que normalmente a fazer as mudanças necessárias e de grandes projeções que geralmente são muito difíceis. Como diria Maquiavel: "Não há nada mais difícil de empreender, mais perigoso de conduzir ou mais incerto de seu sucesso do que assumir a liderança na introdução de uma nova ordem das coisas".[1] Este livro trata de como fazer essas mudanças e criar uma nova ordem das coisas em sua empresa – uma nova ordem que é digital.

Agora é a hora de os líderes audazes preparem suas organizações para as próximas décadas. Acreditamos que uma das maiores oportunidades e desafios para você será a informatização da empresa. Todas as interações entre clientes e empresas, entre empresas, entre funcionários e empresa e entre governo e empresa se tornarão cada vez mais informatizadas. Os gastos com a tecnologia da informação (TI) continuarão aumentando em quase todas as empresas. Os processos de negócios – do pedido ao pagamento, da busca à contratação e da ideia ao lançamento – tornar-se-ão cada vez mais digitais. As informações produzidas por esses processos digitais permitirão que empresas como a 7-Eleven Japan continuem sendo um dos varejistas mais lucrativos ao proporcionar um quadro em tempo real do que ela vende em suas mais de 12 mil lojas. A 7-Eleven Japan, que já não é mais um varejista tradicional, distribui eficazmente essas informações aos seus parceiros comerciais – mediante uma taxa – por toda a rede de lojas franqueadas, centros de distribuição, fabricantes e fornecedores de logística. A 7-Eleven Japan é hoje uma das empresas mais experientes em TI. Ela prospera na economia digital.

Uma economia digital permite que um processo de negócios opere sem falhas, 24 horas por dia. A informação é difusa, às vezes assoberbante. Os mercados são eletrônicos, e é fácil combinar compradores e vendedores. A busca é universal e rápida. Muitos novos produtos podem ser testados on-line e escalados rapidamente, se tiverem sucesso. Entretanto, existem crimes cibernéticos e questões de privacidade, assim como o risco de falhas, que interrompem temporariamente as atividades de empresas. Assim sendo, para a economia digital significa que precisamos de uma abordagem fundamentalmente diferente – e empresas com conhecimento em TI estão liderando o caminho.

Em vez de identificar as necessidades da empresa e desenvolver ou adquirir um sistema para satisfazer essa necessidade, as empresas com conhecimento em TI têm uma abordagem diferente. Elas decidem como querem operar e proceder para construir uma plataforma digitalizada dos processos de negócios, sistemas de TI e dados para executar em sua estratégia operacional. Essas plataformas não apenas usam as capacidades de TI para repetidamente executarem os processos de negócios, mas também fornecem informações para identificar de onde o crescimento lucrativo futuro virá. Em seguida, com investimento marginal, essas empresas desenvolvem os novos produtos e serviços que são mais fáceis de comercializar porque elas reutilizam a plataforma. E o melhor de tudo é que o conhecimento em TI compensa. As empresas com conhecimento em TI são 20% mais lucrativas do que seus concorrentes. Este livro trata do que significa ser um líder e uma empresa com conhecimento em TI, por que é importante ter conhecimento em TI e como tornar-se mais conhecedor em TI.

Encontramos a motivação para escrever este livro em um dia frio de inverno, em dezembro, em Boston. Tínhamos acabado de dar nossa aula no programa "IT for the Non-IT Executive" da Sloan School of Management do MIT. Esse programa – que é desenvolvido três vezes por ano – reúne de 80 a 100 altos executivos no MIT para debater sobre como obter mais valor de negócios da TI.

Nós, juntamente com nossos colegas do Center for Information Systems Research (CISR) do MIT, George Westerman e Chuck Gibson, temos tido a sorte de realizar este programa desde 2000. Geralmente começamos o programa pedindo que cada executivo volte-se para a pessoa ao lado e descreva o que há de errado com a TI em sua empresa. As conversas começam calmas e serenas, mas logo há uma agitação na sala, quando os participantes começam a explicar exaltadamente suas frustrações. O momento que define o programa é quando, depois de algumas sessões, oferecemos uma explicação: você tem a TI que merece. Se você muda as estratégias com frequência, ou não esclarece como quer operar a empresa, ou se abdica das decisões sobre a TI e se movimenta rapidamente de uma ideia de projeto para a próxima, como será possível ser excelente com o uso da TI? A TI, no mínimo, será sempre reativa e nunca conseguirá se sobressair perante as necessidades estratégicas de sua organização.

Esta obra é um resumo das lições aprendidas durante o curso de mais de 20 anos de pesquisa sobre o que é preciso para ser conhecedor em TI e como obter o valor máximo da TI. Nos últimos dez anos tivemos a sorte de colaborar bastante com a pesquisa e trabalhar com muitos grandes executivos no CISR da Sloan School of Management do MIT. O livro é o testemunho a esses executivos, com os quais trabalhamos nos programas para executivos da Sloan do MIT, aos nossos locais de pesquisa e à facilitação de nosso trabalho. Queremos agora compartilhar o que aprendemos com todos os executivos para debate e discussão.

QUEM DEVERIA LER ESTE LIVRO

Este livro foi escrito para todos os executivos que sabem, bem no fundo, que a TI é crítica para suas empresas e gostariam de aprender como os grandes gerentes administram a TI. Com base na pesquisa de campo em centenas de empresas, nosso propósito é chegar à sua essência, ou seja, o que você precisa fazer para tornar a TI um ativo estratégico, em vez de um passivo. Discutimos os negócios e as decisões sobre a TI em muitos detalhes para direcionar a implementação. A linguagem, o estilo, os dados, os exemplos e as lições são sobre questões de negócios que dependem da TI.

Encorajamos todos os gerentes a ler esta obra e discutir quão experientes em TI eles são hoje e onde gostariam de estar daqui a três anos. Mais importante, os incitamos a perguntar a si mesmos: “O que preciso fazer de modo diferente?

Quais são as práticas que usamos hoje que nos tornaram menos conhecedores em TI e que nos meteram nessa encrenca?". Para simplificar a linguagem, adotamos o termo *empresa* neste livro. No entanto, nossos comentários se relacionam igualmente a todas as organizações, sejam elas grandes ou pequenas, com fins lucrativos, sem fins lucrativos ou governamentais. Nossa intenção é capturar a imaginação e desafiar as suposições de gerentes em todas as indústrias à medida que eles lideram suas empresas para uma realidade cada vez mais digital.

A PESQUISA

Os *insights* neste livro vêm de uma série de projetos de pesquisas do CISR do MIT sobre como as grandes empresas geram valor superior de negócios da TI. Estudamos mais de 1.800 empresas, em mais de 60 países, durante o período de 2000 a 2009. Os principais estudos foram:

- *Gestão dos processos de negócios (2008)*: Jeanne Ross conduziu entrevistas com executivos em 40 empresas sobre o desenvolvimento das suas plataformas de processos de negócios e completou estudos de caso na Pacific Life, Swiss Reinsurance, Campbell Soup e PepsiAmericas.
- *Pesquisa do CIRS do MIT com CIOs e encarregados financeiros na mesma empresa (2007–2008):* administramos uma pesquisa de duas partes com 1.508 empresas em 60 países, em parceria com o Dr. Howard Rubin. Uma parte da pesquisa foi completada pelo CIO e estudava a estrutura organizacional, a performance e os mecanismos da governança de TI, os períodos de alocação de tempo dos CIOs e a inovação da TI. A segunda parte foi completada pelo encarregado financeiro em TI e examinava os gastos com TI e as decisões sobre investimentos e práticas tecnológicas. Também analisamos a performance financeira da empresa.
- *Portfólio de TI e Conhecimento em TI (2000–2008):* Peter Weill, Sinan Aral e Stephanie Woerner estudaram os portfólios de TI e o impacto sobre a performance da empresa usando vários conjuntos de dados. O conhecimento em TI foi medido de duas maneiras diferentes e o impacto foi avaliado com uma variedade de técnicas de análises, incluindo diversos tipos de controle de regressão por indústria, tamanho e outros efeitos importantes.

- *Pesquisas SeeIT do MIT de finanças em TI (2005–2006):* pesquisamos a "pessoa de finanças em TI" em 626 empresas em 2005 e 2006, juntamente com o Dr. Howard Rubin, para poder entender o relacionamento entre investimento em TI, práticas e performance da empresa. Essa pesquisa fez parte do Projeto SeeIT do MIT, financiado pela US National Science Foundation (Fundação de Ciências Nacional dos EUA) (número da concessão IIS-0085725). Estudamos as decisões sobre investimentos em TI, as práticas de terceirização e os impulsionadores do crescimento e agilidade da empresa. Também medimos a governança e a performance financeira da empresa, além da eficácia de várias práticas organizacionais e de governança.
- *Digitalização dos processos de negócios (BPO) (2006–2008)*: Peter Weill, Nils Fonstad (INSEAD) e Mani Subramani (Universidade de Minnesota) estudaram 24 relacionamentos BPO, coletaram dados de 217 empresas e entrevistaram dezenas de clientes e provedores de serviços de diversas indústrias, baseadas em partes diferentes do mundo. O estudo envolveu várias viagens à Índia e visitas a empresas como Infosys, Jump-start, MindTree, RelQ, Satyam, Setu, Sierra Atlantic, Syntel, TCS, Wipro, Wipro Global Radiology Services, Bally, Cisco, Honeywell, Microsoft, Rallis, uma empresa anônima de sistemas de hardware, State Street Corporation e Textron, além de clientes de empresas de serviços da Índia nos EUA e no Reino Unido (cinco empresas de serviços financeiros e três de manufatura).
- *Governança global de TI (2006–2008) (foco na Ásia):* Peter Weill, Christina Soh e S.K.Siew (Nanyang Technological University) conduziram múltiplas entrevistas para entender como as grandes empresas administram a TI na Ásia e globalmente. As empresas incluíam Procter & Gamble, Intel, Merril Lynch e Microsoft.
- *Futuro do CIO (2007–2008):* Peter Weill e Stephanie Worner conduziram uma pesquisa sobre o uso eficaz dos períodos de alocação de tempo do CIO:
  - Pesquisa com 228 CIOs em 26 países.
  - Pesquisa com 154 diretores executivos não TI sobre como os CIOs gastam seu tempo.

- Entrevistas com dezenas de CIOs em empresas que variam em tamanho, de $1,5 bilhão a $70 bilhões.
- Discussões com Shawn Banerji, diretor-administrativo, Russell Reynolds Associates.
- Entrevistas com cinco oficiais em nível executivo sobre como eles querem que seus CIOs gastem seu tempo.

• *Agilidade nos negócios (2005–2006):* Jeanne Ross e Cynthia Beath conduziram entrevistas com 23 executivos de TI e de negócios, fizeram pesquisas em 60 empresas para identificar os tipos e fontes de agilidade e completaram um estudo de caso na Southwestern Airlines.

• *Terceirização e arquitetura da empresa (2004–2005):* estudos de casos realizados por Jeanne Ross, Cynthia Beath, Jeff Samples e Nils Fonstad sobre as implicações arquiteturais da terceirização de oito empresas. Estudamos o relacionamento entre o papel da arquitetura corporativa nas decisões e resultados de terceirização. As empresas eram Campbell, Carlson Companies, Dow Chemical Company, eFunds, JM Family, Tecnovate e outras duas.

• *Modelos de engajamento com a TI (2004–2006):* estudos de casos realizados por David Robertson e Nils Fonstad na Toyota Motor Marketing Europe, BT, ING Direct e outras 15 empresas para explorar as principais questões a respeito do estabelecimento de modelos eficazes de engajamento.

• *Novas capacidades da estrutura, sistemas de planejamento dos recursos corporativos e iniciativas de e-business (1995–2005):* estudos de casos realizados por Jeanne Ross, Mike Vitale e Peter Weill nas implementações de TI em 18 empresas. Os casos focaram as transformações que levavam a novas capacidades de TI – e, em alguns casos, como foram motivadas por essas. As empresas incluíram Australia Post, Brady Corporation, Chase Manhattan, Dow Corning, GTECH, JC Penney, Johnson & Johnson, Manheim, MetLife, Schneider, Texas Instruments, Travelers, USAA, o governo de Washington, D.C. e quatro outras.

• *Resultados arquiteturais corporativos (2004):* pesquisas realizadas por Jeanne Ross e Nils Fonstad em 103 empresas para avaliar os resultados arquiteturais. Examinamos os investimentos em TI, as práticas administrativas arquiteturais, a maturidade da arquitetura e os resultados de negócios e da TI.

- *Terceirização dos processos de negócios (2004):* pesquisas realizadas por Jeanne Ross e Cynthina Beath, em conjunto com Lorraine Cosgrove na *CIO Magazine*, sobre a TI e as iniciativas de terceirização dos processos de negócios em 80 empresas. Examinamos os serviços terceirizados, as características desses serviços, o relacionamento cliente-fornecedor, implicações da arquitetura e resultados.
- *TI e estratégia de negócios (2001–2002):* estudos de casos realizados por Jeanne Ross e Peter Weill em 80 empresas sobre o relacionamento entre TI e estratégia de negócios. Estudamos como as empresas desenvolvem capacidades de TI para responder às estratégias de negócios. Também examinamos como as unidades de TI desenvolvem e administram a arquitetura corporativa. Entre as empresas estão: Air Products, Citibank Asia, Delta Air Lines, DuPont, Merril Lynch, Nestlé USA, Toyota USA e UPS.
- *Arquitetura corporativa (2002):* estudos de casos realizados por Jeanne Ross, David Robertson, George Westerman e Nils Fonstad sobre a arquitetura corporativa em 16 empresas nos Estados Unidos e na Europa. Estudamos como a arquitetura da TI possibilitava ou constrangia as iniciativas de negócios. Os casos foram baseados em entrevistas com o CIO, o arquiteto de TI, dois gerentes de projetos e outros na Akzo Nobel, BIC Graphic Europe, BT, Campbell Soup, Canon Europe, Carlson Companies, ING DIRECT, Marriott, Novartis, Panalpina, Partners Healthcare, Pfizer, Secheron, Swisscom Mobile, Tetra Pak e Toyota Motor Marketing Europe.
- *Governança de TI (2001–2008):* estudo sobre a governança efetiva de TI realizado por Peter Weill e vários colegas durante o período de 2001 a 2009. Estudamos mais de 300 empresas em mais de 30 países, incluindo mais de 25 estudos de casos. Analisamos como as empresas tomaram as principais decisões de TI, incluindo os investimentos em TI e priorização. Também mensuramos a governança e a performance financeira e quais práticas funcionam melhor.

1

Transformando a TI de Passivo Estratégico em Ativo Estratégico

Em 2002, quando Ron Williams tornou-se presidente da Aetna, uma empresa americana de serviços de saúde, esta havia acabado de reportar uma perda anual de $ 280 milhões e estava à beira da falência.[1] Em 2007, apenas cinco anos depois, a Aetna apresentou uma renda líquida de $1,8 bilhão e foi classificada pela revista *Fortune* como a empresa mais admirada no setor de saúde dos Estados Unidos. A que Williams, hoje CEO e presidente, atribui a virada da empresa? A um foco intenso nos consumidores e funcionários, ao seguimento de valores "de volta ao básico" em toda a empresa e ao desenvolvimento e uso de uma plataforma dinâmica de tecnologia da informação (TI).[2]

Williams entrou para a Aetna em 2000, como chefe de operações de negócios. Logo no início, ele começou um projeto para desenvolver um sistema de informações administrativas executivas (EMIS). Implementado dentro de cinco meses, o primeiro EMIS da Aetna proporcionou acesso *point-and-click* (apontar e clicar) e capacidade de *drill-down* (detalhamento) sobre as demonstrações de lucros e perdas da corporação e de suas divisões. Williams usava os dados disponíveis como base para as decisões executivas. Além disso, ele e o então CEO, John Rowe, deixaram claro que esperavam que os executivos de negócios usassem os dados para impelir uma performance melhor dos negócios. A entrega de dados transparentes e consistentes sobre a performance por toda a empresa lhes deu a oportunidade de, como descrito por Williams, "treinar a empresa em como pensar sobre os problemas. Isso lhe dá o contexto para fazer escolhas".

Armados com dados úteis, os altos gerentes da Aetna começaram a fazer o que um observador chamava de "decisões cirúrgicas" nos preços em suas propostas para os clientes institucionais. Voltando a atenção para a rentabilidade, em vez de receitas, a Aetna deliberadamente estabeleceu preços que levaram a uma queda no quadro de associados pelos primeiros dois anos. Com o tempo, o EMIS ajudou a gerência a definir e endereçar melhor os segmentos de mercado da empresa. Logo, tanto as receitas quanto os lucros aumentaram. Em 2007, a Aetna informou ter obtido receitas de $ 27,6 bilhões, um aumento de 35% nos últimos três anos.

O EMIS foi apenas o primeiro passo no uso de TI para fazer com que o pessoal da Aetna fosse mais esperto e mais produtivo. Melhorias subsequentes proporcionaram sistemas que permitiam que a empresa focasse novamente os processos de negócios nas necessidades dos clientes. Por exemplo, a Aetna começou a proporcionar aos clientes acesso on-line a conselhos médicos e informações sobre suas contas e histórias médicas. Esses esforços transformaram-na em uma empresa do setor de saúde altamente respeitada e lucrativa.

A Aetna não é comum. Muitos líderes com os quais conversamos sentem-se frustrados porque não veem benefícios significantes da TI, apesar dos milhões de dólares de investimentos. Eles sofrem para cumprir os requisitos básicos de fazer negócios em uma economia global. Muitas vezes, eles não conseguem:

- responder às oportunidades de novos clientes em tempo hábil;
- apresentar uma única face para os clientes globais;
- reproduzir os sucessos dos negócios em um novo mercado;
- integrar novas aquisições rapidamente;
- garantir que os tomadores de decisões locais façam simultaneamente o que é melhor para os clientes e para a empresa.

Resumindo, eles não conseguem operar do jeito que gostariam. E, francamente, se a TI não está ajudando-o a operar como você quer – e precisa –, você está jogando dinheiro fora. Não há chances de seus investimentos em TI levarem a benefícios estratégicos.

A Aetna é uma empresa com conhecimento em TI. A empresa consistentemente usa a TI para informar as decisões administrativas e realçar os produtos e serviços. Ter conhecimento em TI faz com que ela seja um ativo estratégico. Em uma economia global e digital, se a TI não for um ativo estratégico, ela é um passivo estratégico. Pergunte a si mesmo: "Em pleno século XXI, tenho condições de ter um passivo desse tipo?"

O QUE É TER CONHECIMENTO EM TI (E COMO CONSEGUIR TER UM POUCO DISSO)?

O conhecimento em TI é uma característica de empresas e de seus gerentes refletida na habilidade de usar a TI para de forma consistente elevar a performance da empresa. Assim como *savoir faire,* conhecimento em TI parece que, de fora, não exige nenhum esforço. Mas as empresas que têm conhecimento em TI se distinguem de outras em razão do desenvolvimento e do uso de uma plataforma de processos digitalizados.

Uma *plataforma digitalizada* é um conjunto integrado de processos de negócios eletrônicos e de tecnologias, aplicativos e dados que suportam esses processos. Nem todos os processos de negócios são digitalizados – muitos requerem intervenção humana. E nem todos os processos informatizados são parte de uma plataforma – a plataforma integra um conjunto de processos e transações relacionados.

Em algumas empresas, a plataforma digitalizada é ancorada em uma parte maior de software comprado, como o sistema de planejamento de recursos corporativos ou o sistema de gestão do relacionamento com o cliente.[3] Em outras empresas, a unidade de TI desenvolveu uma plataforma de dados e tecnologia da corporação para as decisões operacionais. As pessoas proporcionam entradas para uma plataforma digitalizada e usam a saída, mas elas não fazem parte da plataforma em si. O propósito de uma plataforma digitalizada de processos é desligar as pessoas de processos que são mais bem realizados por máquinas. A plataforma "transmite" as transações comerciais principais, confiáveis, previsíveis e de baixo custo para a empresa.

Na Aetna, a plataforma digitalizada de processos abrange o atendimento diário às necessidades dos clientes, desde a abertura da conta à resolução de uma reclamação. A Aetna desenvolveu uma base tecnológica sólida e a dispôs com processos comerciais confiáveis e previsíveis para transações diárias. Entretanto, a confiabilidade e a previsibilidade das transações diárias são apenas o começo. A Aetna, assim como outras empresas com conhecimento em TI, usa os dados gerados de suas principais transações para habilitar os tomadores de decisões. As empresas com conhecimento em TI têm o hábito de executar processos centrais disciplinados e, em seguida, aplicar os dados resultantes desses processos às tarefas de tomada de decisões, tanto operacionais quanto estratégicas.

As empresas com conhecimento em TI não são necessariamente empresas de alta tecnologia. Em nossa pesquisa, encontramos apenas um número pequeno de empresas com conhecimento em TI. Sem exceções, essas empresas usam a TI para "transmitir" as transações principais, e elas usam os dados de suas principais transações para informar os tomadores de decisões. Nossa lista de empresas com conhecimento em TI inclui e-business altamente bem-sucedidos, da nova era, como Amazon, eBay e Google. Porém, muitas empresas físicas também podem tornar-se conhecedoras em TI. Veja, por exemplo, a 7-Eleven Japan, a United Parcel Service e a Procter & Gamble.

- *7-Eleven Japan (SEJ):* a SEJ usa a TI para habilitar todo o seu pessoal com informações. Frequentemente, a SEJ, o varejista mais rentável do Japão, proporciona sistemas padrões a todas suas 12.034 lojas e a 1.100 fornecedores, fabricantes e distribuidores.[4] Esses sistemas suportam pedidos, gestão do inventário, gestão da produção e logística. Todos os vendedores na 7-Eleven Japan têm acesso a um aparelho manual para fazer pedidos do estoque. Um fluxo constante de dados gráficos, que mostra as vendas recentes, as condições climáticas e as informações de alcance dos produtos, informa os vendedores nas lojas da SEJ. Esses vendedores, tanto em período integral quanto em meio período, fazem hipóteses sobre quantas marmitas Bentô (em dias quentes) ou macarrão quente (em dias frios) pedir. Em um ou dois dias, eles recebem o *feedback* sobre o resultado comercial de suas hipóteses. Este ciclo de *feedback* constantemente aperfeiçoa as decisões administrativas sobre inventário e receitas da SEJ, o que leva à excelência operacional e à inovação do produto. Em razão da combinação de informações em tempo real, *feedback* rápido, capacitação da tomada de decisão local e de processos de negócios padronizados da SEJ, aproximadamente 70% de seus produtos são renovados todos os anos, em cada loja.

- *United Parcel Service (UPS):* inicialmente focada em combater a capacidade da Federal Express em rastrear encomendas, a maior empresa de entrega de encomendas do mundo agora usa a TI para otimizar as operações e realçar a rentabilidade.[5] A UPS equipa seus motoristas com um DIAD (dispositivo de aquisição de informações de entrega), o qual capta a assinatura de um cliente e faz *upload* dos dados de cada entrega no banco de dados de informações sobre encomendas da empresa. A UPS analisa esses dados para melhor entender a rentabilidade de clientes individuais e encomendas, o que leva a melhorias nas rotas e nas decisões de preço. A UPS tem uma cultura de engenharia industrial – especialistas internos regularmente estudam as operações da UPS para identificar as oportunidades para aumentar a eficácia. A UPS então desenvolve sistemas para suportar os processos *end-to-end*. Além disso, as parcerias com fornecedores de softwares, como SAP e Oracle, permitem que os clientes da UPS acessem, eletronicamente, as informações sobre as remessas, assim fazendo com que não apenas a UPS seja mais eficiente, mas também seus clientes. A combinação de dados de remessas eficientes, de operações disciplinadas e de serviços eletrônicos voltados para os clientes ajudou a UPS a crescer rápida e lucrativamente nos Estados Unidos e internacionalmente.
- *Procter & Gamble (P&G):* a P&G usa a TI para focar a atenção da gerência no marketing distinto da empresa e nas competências de distribuição. Para alcançar essa façanha, a P&G criou a Global Business Services (GBS), uma organização de serviços compartilhados, para prover muitos dos serviços comuns, repetitivos e que não são próprios da empresa. A GBS mistura os processos de negócios e TI sob o CIO para prover uma base de 70 serviços compartilhados para as 250 unidades de marketing da empresa, que variam desde serviços da tecnologia principal, como e-mails e telecomunicações, a serviços de suporte a grandes empresas, como os sistemas de gestão do relacionamento com os clientes e inteligência competitiva. A GBS entrega serviços confiáveis, de custo eficaz, para que os gerentes da marca possam focar naquilo que faz com que a P&G seja tão distinta – gestão da marca. Esta organização permite que a P&G realize economias globais de escala e reduza

o tempo para o mercado para os novos produtos e serviços. As "eficiências" que a GBS proporciona ajudaram a P&G a aumentar sua margem líquida de ganhos, de 12% em 2004 para 14,5% em 2008.[6]

É difícil distinguir o conhecimento em TI dessas três empresas de sua gestão de negócios extraordinária. Na realidade, uma característica das empresas com conhecimento em TI é que a TI está no coração da administração altamente eficaz. A TI é a plataforma e o andaime para uma estrutura que proporciona operações de classe mundial e tomada de decisões administrativas estrategicamente focadas. Nenhum dos executivos nessas empresas lhe dirá que a TI é tudo que eles precisam para ter sucesso. Mas a TI nunca é uma reflexão posterior nessas empresas. Em vez disso, a TI forma a base para a capacidade competitiva de cada empresa.

Talvez tudo isso seja bom para empresas como a UPS e a P&G, mas a sua empresa tem outras fórmulas para alcançar uma vantagem competitiva distinta. Boa sorte! Essa atitude garante que, à medida que a economia global de negócios cada vez mais dependa de informações em tempo hábil, de operações previsíveis e de custo eficaz e de experimentos estratégicos rapidamente implementados, sua empresa não fará parte do jogo. Se quiser ter sucesso na economia digital global, você precisa da TI para servir como uma plataforma para suas operações de negócios. Sim, em muitos casos você já construiu o prédio que abriga sua empresa, e agora estamos lhe dizendo que você precisa construir a fundação sob esse prédio. Não vai ser fácil.

As empresas com conhecimento em TI não se tornam "ricas em TI" repentinamente. Elas desenvolvem conhecimentos e capacidades de processos de negócios com o passar do tempo. Elas convertem seus conhecimentos operacionais e processos informatizados em uma plataforma informatizada que está sempre crescendo. Aetna, 7-Eleven Japan, UPS e P&G, entre outras, oferecem prova de que é possível transformar uma empresa estabelecida em uma empresa com conhecimento em TI.

Nas empresas com conhecimento em TI, a TI é um ativo estratégico que inclui uma ou mais plataformas informatizadas. Um número pequeno, porém crescente, de empresas desenvolveu sua própria plataforma digitalizada. Outras começaram a desenvolver plataformas, mas ainda não aprenderam como extrair valor delas. Suas plataformas estão estagnadas – ou pior, se desintegrando. Para essas empresas – e para as muitas que ainda não definiram uma plataforma –, a TI é um passivo estratégico.

COMO ELA SE TORNA UM PASSIVO

Anos atrás, o altamente respeitado CEO de um fabricante de processos nos disse: "Tenho lido sobre a TI, mas estou apavorado. Esta é uma área em que eu não me sinto competente. Acho que não estamos obtendo um bom valor pelo nosso dinheiro".

Os sentimentos deste CEO não são incomuns. Os altos executivos naturalmente assumem a responsabilidade pelo seu pessoal, seus orçamentos e suas estratégias, mas geralmente procuram transferir a responsabilidade da TI para outras pessoas. A TI pode ser uma ferramenta de negócios ubíqua, mas ela consegue fazer com que gerentes competentes se ajoelhem.

A falta de confiança da alta gerência é perigosa, porque ela geralmente resulta em líderes que se abdicam da responsabilidade pela TI na empresa. Se os altos gerentes não aceitarem a responsabilidade pela TI, a empresa, inevitavelmente, jogará seus investimento em TI em milhares de iniciativas táticas sem um impacto significante nas capacidades organizacionais.

Este padrão lhe parece familiar?

1. Um gerente de negócios de linha prepara um caso de negócios convincente para um novo produto ou serviço.
2. Após um debate cordial (ou talvez uma carimbada rápida), a gerência aloca recursos e estabelece um cronograma e orçamento para a implementação do novo sistema.
3. Os gerentes de negócios explicam o conceito para os gerentes de TI e providenciam alguns requisitos.
4. O pessoal de TI trabalha arduamente para esclarecer os requisitos e entregar o sistema a tempo e dentro do orçamento.
5. Em resposta às demandas de negócios que mudam constantemente e às demonstrações de protótipos de sistemas, os gerentes de negócios ajustam os requisitos para o novo sistema.
6. O pessoal de TI começa a trabalhar à noite e nos finais de semana para endereçar as mudanças e cumprir o cronograma (já abandonaram o orçamento).

7. O sistema é entregue com atraso e com menos funcionalidade do que a pretendida. Mesmo assim, o novo produto ou serviço que este suporta tem sucesso no mercado.
8. O novo sistema é adicionado ao inventário de soluções de sistemas isolados da empresa, do qual a unidade de TI junta os pedaços e administra muito cuidadosamente para ter certeza de que nada se quebrará.

Essa abordagem gradativa à TI resulta em alguns produtos ou serviços valiosos com base na TI, mas ela também exige que a unidade de TI gaste mais e mais tempo juntando os sistemas e os dados que foram projetados independentemente. A gerência descobre que leva muito mais tempo para testar os novos sistemas e integrá-los aos sistemas existentes. A "colcha de retalhos" de sistemas faz com que a empresa se torne cada vez mais vulnerável aos períodos de inatividade, e a empresa descobre que fica cada vez mais difícil responder às condições de negócios em constante mudança.

Basicamente, o ambiente de sistemas começa a se parecer com a Figura 1-1, um conjunto de sistemas isolados que são conectados para satisfazer a próxima necessidade imediata. Esses sistemas são rudemente conectados, parecendo um emaranhado. Eles também se comportam como um emaranhado. Qualquer tentativa de mudar ou extrair um sistema arrisca a quebra de outro. Como resultado, a empresa de médio porte gasta 71% de seu orçamento de TI na operação e manutenção desses sistemas – fundos que então não estão disponíveis para introduzir novos produtos ou serviços.

Muitas empresas chegam a gastar até 80% de seu orçamento de TI para rodar os sistemas atuais, ao passo que as empresas com conhecimento em TI gastam o mínimo de 50%, o que as deixa com relativamente mais dinheiro para novas iniciativas de negócios.[7]

A Figura 1-1 não apenas reflete os sistemas ineficazes, mas também mostra o emaranhado de processos de negócios que usam esses sistemas para entregar produtos e serviços aos clientes. É assim que o trabalho é feito em organizações complexas. As pessoas se empenham arduamente para, de alguma maneira, satisfazer as expectativas dos clientes, trabalhando, ou compensando, nesses sistemas e processos desarticulados que cresceram com o passar do tempo.

A limitação fundamental dessa abordagem gradativa aos sistemas é que ela nunca resulta em uma fundação para processos de negócios eficazes – uma plataforma digitalizada. Sem tal plataforma, todo processo de negócios voltado para o cliente depende do instinto, julgamento e atenção da pessoa que o completa. Não importa quão bom seja o seu pessoal, ele simplesmente não consegue compensar os processos de negócios indisciplinados. Uma empresa indisciplinada que compete contra uma plataforma digitalizada bem lubrificada inevitavelmente não terá sucesso.

FIGURA 1-1

A aparência típica de sistemas em uma empresa sem conhecimento em TI

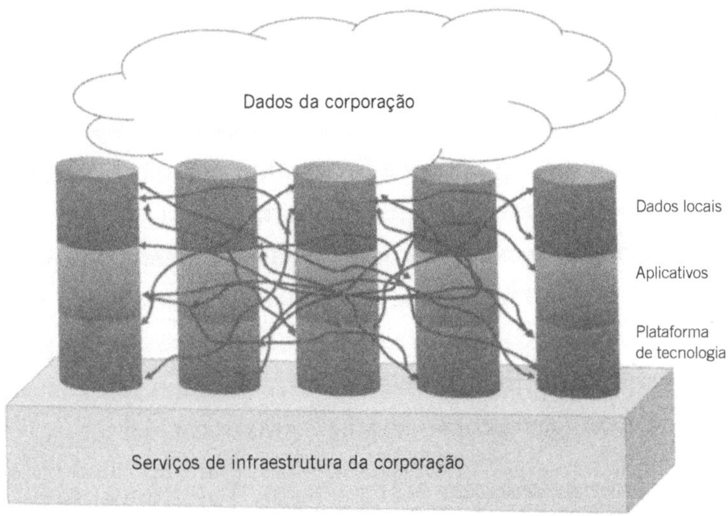

Fonte: © 2009 MIT Sloan Center for Information Systems Research. Reproduzido com permissão.

Para reverter a sorte de TI da empresa é preciso um pensamento diferente daquele que ajudou a empresa a criar esse legado bagunçado. Mas alguns dos remédios mais comuns que a alta gerência aplica à TI normalmente pioram seus problemas. Talvez você tenha visto algumas dessas abordagens – em outras empresas, é claro!

- *Colocar mais dinheiro nos problemas de TI:* esta estratégia sugere que a empresa tem muito dinheiro, mas não tem muito tempo ou disciplina. A gerência está disposta a alocar recursos ao problema, mas não está disposta a forçar mudanças no comportamento. No fim das contas, esta abordagem levará a um aumento nos gastos, mas não nos benefícios.

- *Cortar drasticamente os gastos com TI:* esta estratégia é uma abordagem sensitiva para lidar com os gastos que não geram benefícios. Pare com os gastos. Temos visto empresas que se beneficiam dessa estratégia em curto prazo, porque o gasto reduzido forçou um diálogo sério sobre as prioridades da empresa. Esse foco pode ser valioso. Porém, esteja ciente de que a estratégia sustentada em simplesmente não gastar com TI eventualmente minará a habilidade da empresa em desempenhar em uma economia global, digitalmente conectada.
- *Despedir o CIO:* se a empresa apenas precisa de alguém para culpar, a gerência irá querer trazer uma nova face. Assim como com qualquer outro cargo de gerência, é possível que a empresa tenha um CIO ineficaz, mas, muitas vezes, é que o restante da equipe administrativa não aceitou suas responsabilidades para definir e implementar processos de negócios eficazes. Culpar o CIO é simplesmente uma maneira de os líderes de negócios se abdicarem da responsabilidade pela TI.
- *Terceirizar o problema da TI:* a terceirização poderá ser um meio valioso de trazer talento mundial, mas a terceirização eficaz requer administração interna de classe mundial. Muitas vezes, a terceirização por atacado é apenas uma tentativa de adquirir TI eficaz sem mudar o comportamento em outros setores da empresa. Invariavelmente, se a TI custa muito e seus benefícios são muito poucos, os comportamentos disfuncionais são aparentes nos negócios assim como na TI. Os custos e serviços com a TI provavelmente não melhorarão significantemente com a terceirização até que as pessoas de negócios mudem seus hábitos.
- *Remover os sistemas de legado e substituí-los com uma enorme solução integrada desenvolvida pelo fornecedor:* esta abordagem ajudou várias empresas a domesticarem seus sistemas e processos. Porém, muitas delas cometeram o erro de achar que um pacote maior de programas resolveria seus problemas, quando o que é necessário é uma grande iniciativa de mudança na gerência. O pacote suporta uma iniciativa de mudança de negócios em toda a empresa, mas o sistema em si pouco fará para mudar a sorte da empresa.

Se seus sistemas e processos estão ultrapassados, você terá de mudar o modo como pensa sobre TI e como implementar processos digitalizados.

Mais importante, você terá de liderar a transformação para uma empresa com conhecimento em TI.

TRÊS OBSESSÕES DE UMA EMPRESA COM CONHECIMENTO EM TI

As empresas que lutam para converter a TI de um passivo estratégico para um ativo estratégico enfrentam muitos e grandes desafios. Elas irromperão os sistemas e processos de legado e, em seguida, implementarão novos processos de negócios e sistemas. Este esforço envolve muito mais do que o trabalho de TI – é uma transformação dos negócios.

Para ter sucesso com esta transformação, a gerência precisa ir atrás de três atividades. Primeiro, os altos executivos precisam mudar o que está ultrapassado em sua administração e no uso da TI. Isso significa que eles terão de introduzir novas maneiras de pensar sobre a TI e de financiá-la. Segundo, a TI e os líderes de negócios precisam desenvolver uma plataforma digitalizada. A plataforma digitalizada está se tornando rapidamente um pré-requisito para a oportunidade de competir na economia digital. Terceiro, os líderes de negócios precisam explorar sua plataforma digitalizada para o crescimento rentável. A colocação de uma plataforma digitalizada proporciona oportunidades de negócios, mas as empresas não são igualmente bem-sucedidas em derivarem benefícios de suas plataformas.

Para tornar-se uma empresa com conhecimento em TI é preciso fazer com que essas atividades sejam uma obsessão para a gerência. Caso contrário, é fácil cair de novo nos hábitos antigos. Vamos descrever o que são esses esforços.

Mudar o Que Está Ultrapassado a Respeito da TI

A Figura 1-1 realça a vulnerabilidade dos sistemas e processos de empresas. Inevitavelmente, por trás do cenário de sistemas e processos legados bagunçados, vemos uma estrutura quebrada de responsabilidade e modelo de tomada de decisões. Enquanto não houver o compromisso dos interessados pela abordagem clara, e por toda a empresa, sobre como a TI suportará sua estratégia, continuaremos a adicionar ao emaranhado, em vez de desenvolver uma plataforma digitalizada. As empresas com conhecimento em TI lidaram com seus problemas de legado ao proporcionar uma visão clara sobre como a TI suportará as operações de negócios e um modelo bem-entendido de financiamento focado na realização da visão.

Por exemplo, a Aetna havia, por muitos anos, desenvolvido cada sistema novo para suportar um único produto de seguro. Como resultado, ela entrou no século XXI com vários processos e sistemas redundantes e dados de clientes fragmentados. A empresa tinha várias abordagens para as atividades principais, tal como a abertura de uma conta, a subscrição de uma apólice e o pagamento de um seguro. As estruturas administrativas da Aetna e os processos de tomada de decisões reforçaram seus processos de negócios gradativos. O resultado foi que ela não tinha um jeito bom de proporcionar uma visão única da conta de um cliente.

Para melhorar seus sistemas e processos, a Aetna tinha de primeiramente pensar sobre como ela queria oferecer seus produtos e serviços aos clientes. Ao fazer isso, ela reorganizou os negócios ao redor de seus principais segmentos de clientes, redefiniu seus processos de negócios em termos de requisitos de clientes e reestruturou o processo de financiamento de projetos de TI para focar nas iniciativas organizacionais, em vez de focar em silos de produtos. Essas foram etapas críticas ao se preparar para desenvolver uma plataforma digitalizada.

Desenvolvendo uma Plataforma Digitalizada

Uma vez que tenha mudado sua abordagem sobre a TI, você está pronto para desenvolver uma plataforma digitalizada. Esta plataforma proporciona operações centrais estáveis mesmo em ambientes turbulentos de negócios. Ela não pode ser desenvolvida em um dia; portanto, você terá de mapear um caminho de sistemas e processos cada vez mais potentes e conectados. Comece identificando o que *não* mudará. Os processos de negócios principais na sua empresa que não mudarão definem um conjunto reutilizável de dados e processos suportados pela TI. A plataforma digitalizada padroniza e automatiza esses processos, aumentando, assim, a confiabilidade, diminuindo o custo operacional e assegurando a qualidade.[8] Esta plataforma digitalizada permite que você foque a atenção da gerência naquilo que *está* mudando no seu mercado.

O desenvolvimento da plataforma da Aetna focou, inicialmente, nas informações que permitiriam a integração de processos de negócios para satisfazer as necessidades dos clientes. A empresa definiu cinco categorias de dados operacionais: concessão, inscrição (ou membro), produto, plano e provedor. A gerência estabeleceu definições compartilhadas para os dados compartilhados e reestruturou alguns processos de negócios para garantir a precisão dos dados e o acesso. Após vários anos, o desenvolvimento dessa plataforma continua sendo um trabalho em andamento, mas a Aetna tem continuamente melhorado os processos de tomada de decisões e operações que dependem desses dados. Os cinco "livros de registro", como os gerentes da Aetna se referem aos seus dados, são o núcleo da plataforma digitalizada da Aetna.

Explorando a Plataforma para Crescimento Rentável

Mudar o que está ultrapassado e desenvolver uma plataforma são tarefas exigentes, mas agora vem a parte mais difícil – e mais divertida. A gerência também precisa liderar a mudança organizacional e obter valor do novo ativo – a plataforma digitalizada. Para poder obter lucro com sua plataforma, você mudará os papéis individuais, as estruturas organizacionais e a cultura organizacional. Esta é uma mudança fundamental nos negócios e, consequentemente, um grande desafio à liderança.

Na Aetna, Ron Williams enfatizou a necessidade de tomadas de decisões baseadas nos dados e encabeçou o esforço de colocar dados consistentes e confiáveis nas mãos dos gerentes. Ele e John Rowe, seu antecessor como CEO, também encorajaram os funcionários a alavancarem os dados da empresa para desenvolver novos produtos e serviços para os clientes. Um desses serviços, o Aetna Navigator, que proporciona conselhos médicos on-line para os indivíduos, ganhou prêmios por ser considerado o melhor dessa categoria.[9]

A Aetna, assim como outras empresas mencionadas neste capítulo, por muitos anos tem trabalhado obsessivamente para mudar o que está ultrapassado, desenvolver uma plataforma digitalizada e obter valor da TI. Em organizações grandes e estabelecidas, tornar-se uma empresa com conhecimento em TI é sempre um esforço que leva muitos anos e requer administração persistente, tempo e esforços. Vale a pena? Pode apostar que sim. Nossa pesquisa descobriu que as empresas com conhecimento em TI têm uma margem 20% mais alta do que seus concorrentes.[10]

Transformar a TI em um ativo estratégico começa com uma liderança sólida. Mas até mesmo os grandes líderes questionam suas habilidades para incorporar as capacidades da TI em seu pensamento estratégico. O objetivo deste livro é, primeiramente, servir como um motivador e depois como um guia para que sua empresa se torne uma organização com conhecimento em TI. Separamos as três obsessões em cinco etapas e dedicamos um capítulo para cada uma.

Os capítulos 2 e 3 examinam como as empresas mudam o que está ultrapassado. Primeiro, discutimos como os gerentes desenvolvem uma visão clara do papel da TI e como a empresa irá operar. Em seguida, discutimos os modelos de financiamento de TI, porque o dinheiro é o denominador comum nas empresas. É importante gastar uma quantia sensata com a TI – nem muito nem pouco. Mas é ainda mais importante almejar os investimentos em TI nas iniciativas que importam. Descreveremos como as empresas com conhecimento em TI passam nesse teste.

Os capítulos 4 e 5 descrevem o processo de muitos anos para desenvolver uma plataforma digitalizada. Explicaremos as capacidades que as empresas desenvolvem à medida que constroem suas plataformas. Em seguida, revisaremos como as empresas alocam os direitos e deveres de decisão – em outras palavras, como elas administram – para ter certeza de que a plataforma será construída e usada.

O capítulo 6 descreve o processo de extrair valor da plataforma ao discutir como as empresas com conhecimento em TI desenvolvem agilidade nos negócios e introduzem inovações nos negócios. Argumentamos que agilidade e inovação são processos diferentes, porém complementários, que permitem que as empresas com conhecimento em TI gerem, progressivamente, maiores benefícios da TI.

Por último, o capítulo 7 oferece algumas ações que você deveria desenvolver hoje para aumentar o valor de negócios que sua empresa obtém da TI, tanto de imediato quanto com o passar do tempo. Discutiremos o papel crítico da alta gerência em fazer da TI um ativo estratégico.

Esperamos que você ache este guia motivador e útil para transformar sua empresa em uma organização com conhecimento em TI e que desfrute dos resultados.

2

Definindo Seu Modelo Operacional

Considere uma equipe esportiva profissional – uma equipe boa, mas sem calibre para ser campeã. O que será preciso para torná-la uma equipe campeã? Primeiro você decide como quer agir para alcançar sua visão de campeão. Como coordenamos os jogadores, técnicos, assistentes, gerentes gerais, marketing, base de fãs e instalações? Até que a equipe entenda isso, não tem por que nos preocuparmos com quem começará o próximo jogo, o preço dos ingressos ou a admissão e plano de treinamento para os jogadores.

O desenvolvimento de uma empresa com conhecimento em TI segue o mesmo exercício. Você precisa, primeiramente, definir uma visão. Em seguida, poderá se ater à criação de uma plataforma integrada de estratégias, jogadores, instalações, marketing, assistentes e treinamento para obter lucro e crescimento. Muitas empresas ainda não endereçaram a questão de como elas querem que a empresa tenha lucro e cresça, e como a TI poderá ajudar a criar suas plataformas. Na realidade, elas nunca conseguirão ser uma equipe campeã.

A TI faz duas coisas muito bem: integração e padronização. Por reconhecerem isso, as empresas com conhecimento em TI esclarecem o que elas estão tentando fazer com a TI ao especificar o que elas querem integrar e padronizar. Com isso, elas definem um modelo operacional, que declara os objetivos da plataforma digitalizada de uma empresa e estabelece seus requisitos básicos.

Em muitas empresas, a TI é usada para prover soluções em curto prazo para os problemas imediatos. Suas abordagens à TI estão ultrapassadas. Para mudar o que está ultrapassado, você precisa começar a definir seu modelo operacional.

ESPECIFICANDO OS REQUISITOS PARA INTEGRAÇÃO E PADRONIZAÇÃO

A CEMEX, uma empresa global de materiais para construção, de $ 22 bilhões, tem um modelo operacional que especifica as práticas administrativas altamente padronizadas por todos seus negócios. No início dos anos 1990, o CEO, Lorenzo Zambrano, estabeleceu uma visão para crescimento que envolvia a distribuição rápida de práticas administrativas padronizadas da CEMEX em uma sucessão de aquisições. Ela desenvolveu "O Jeito CEMEX", uma plataforma de tecnologia, sistemas e processos de negócios que captava as melhores práticas da empresa em finanças, recursos humanos e gestão da rede de fornecimento.[1] Em seguida, ela instalou esta plataforma nas suas aquisições sucessivas.

Extraindo os benefícios do modelo operacional da empresa, Zambrano fez com que a CEMEX crescesse do que era, a segunda maior empresa de cimento do México nos anos 1990, para uma empresa global e poderosa de materiais. Para sua principal aquisição, a compra em julho de 2007 do Rinker Group Limited, a CEMEX precisou de menos de seis meses para começar a ganhar sobre os US$ 400 milhões em sinergias.

A UPS também se beneficiou de um modelo operacional claro. A visão da UPS, desde o início dos anos 1980, era prover serviços de entrega de encomendas globalmente integrados e altamente padronizados. Para alcançar essa visão, a gerência considerou seu primeiro aplicativo de rastreamento de encomendas como mais do que uma simples solução imediata. O rastreamento de encomendas exigia o acesso global a um banco de dados de remessas. Assim sendo, a UPS desenvolveu o único banco de dados de remessas que ela pretendia implementar, assim como redes de telecomunicações globais que poderiam ser acessadas pelos funcionários e pelos clientes. A UPS influenciou sua plataforma digitalizada para desenvolver serviços aos clientes que compartilham informações, tanto nas remessas que entram quanto nas que saem. Seus usos inovadores de dados de remessas fazem com que as informações de remessas sejam tão valiosas para a UPS quanto a remessa em si.[2]

A decisão para padronizar os processos e os dados proporcionou o desenho básico para a plataforma digitalizada da UPS. Esta plataforma criou oportunidades para sistemas cada vez mais valiosos. Michael Eskew, ex-CEO da UPS, observou que os líderes de negócios e de TI regularmente propunham serviços aos clientes, baseados na TI, que pudessem ser rapidamente implementados. Ele se refere a essas sugestões como "surpresas felizes".[3]

As conversas sobre a TI, que levaram aos novos serviços aos clientes, podem ser surpresas felizes, mas elas certamente não são acidentes. As surpresas se enraizaram em uma plataforma digitalizada. Essa plataforma surgiu da visão clara – proporcionada pela gerência – de como a empresa operará.

Se você quer este tipo de valor da TI, precisa parar de pensar nela como um conjunto de soluções e começar a pensar sobre a integração e a padronização. A integração proporciona acesso aos dados por todos os negócios para permitir os processos *end-to-end* (de ponta a ponta) (por exemplo, da encomenda ao pagamento, abertura de uma conta) ou uma face única para os clientes. A padronização reduz as variações nos processos de negócios para aumentar a qualidade, a eficácia e a previsibilidade nas interações dos clientes e nas operações do *back office.*

Seu *modelo operacional* é o nível almejado de integração e padronização de processos de negócios para como você quer entregar produtos e serviços aos clientes. Seu modelo operacional estabelece os parâmetros de *design* para uma plataforma digitalizada que possa possibilitar oportunidades futuras de negócios, como as plataformas na CEMEX e na UPS.

QUATRO EMPRESAS COM CONHECIMENTO EM TI, QUATRO MODELOS OPERACIONAIS

As empresas definem os requisitos de integração e padronização diferentes dependendo de suas visões e de como elas conseguem obter lucro e crescimento. Apresentamos aqui quatro exemplos de empresas com conhecimento em TI e seus modelos operacionais, que levam a plataformas digitalizadas bastante diferentes. No primeiro exemplo, você verá que a Procter & Gamble quer maximizar os benefícios de ter 250 unidades de gestão da marca inteligentes e criativas. A gerência construiu uma plataforma de serviços compartilhados que impulsiona as sinergias por toda a empresa sem limitar a autonomia local.

Procter & Gamble: Serviços Compartilhados que Suportam Negócios Independentes

A Procter & Gamble é uma empresa com 170 anos de produtos para consumo, com receitas no mundo todo de mais de $ 80 bilhões.[4] Ela opera em 180 países e territórios, comerciando mais de 250 marcas a mais de cinco bilhões de consumidores. Aproximadamente um terço das vendas da Procter e Gamble – as quais crescem a taxas de dois dígitos – vem de países em desenvolvimento.

A P&G é organizada ao redor de três unidades de negócios globais: beleza e saúde (por exemplo, Wella, tratamento para cabelos Pantene, creme dental Crest), produtos para o lar (por exemplo, café Folgers, detergente Dawn) e Gillette (aparelhos de barbear, Braun, pilhas Duracell). A empresa valoriza a inovação e o respaldo dos clientes que os gerentes das unidades autônomas de negócios e os gerentes da marca contribuem para a empresa. Porém, na indústria de bens para consumo altamente competitiva, a P&G também precisa buscar a eficiência de negócios. Para liderar a eficiência dos negócios, a P&G criou a Global Business Services (GBS), uma organização de serviços compartilhados liderada pelo CIO Filipo Passerini.

Como explica Passerini, a GBS proporciona uma plataforma para crescimento de negócios ao permitir que a P&G rapidamente adicione uma nova marca ou faça crescer as que já tem: "Ao mesclar os processos de negócios e a tecnologia, nós na GBS proporcionamos soluções ao restante da Procter e Gamble. Proporcionamos os tijolos para que as unidades de marketing reduzam seu tempo para o mercado globalmente".

A GBS conta com 650 pessoas da Procter & Gamble e parceiros fornecedores para entregar mais de 70 serviços em duas categorias: serviços e soluções de funcionários e serviços e soluções de negócios (veja a Tabela 2-1 para exemplos de serviços em ambas as categorias). Um único catálogo lista os custos e níveis de serviço para cada serviço e indica quais são obrigatórios e quais são opcionais.

A GBS foi criada em 1999, quando algumas primeiras tecnologias e serviços de *back office* formaram o início de uma plataforma digitalizada. A GBS continuou a criar novos serviços, adicionando camadas de serviços padronizados à sua plataforma. A GBS concebe os serviços, trabalha os preços e comercializa as soluções. Para encorajar os gerentes autônomos de negócios a usar as soluções compartilhadas, a GBS garante de 10% a 30% de redução de custo àqueles que adotam um serviço compartilhado. Além disso, ela garante uma redução trajetória anual no preço por unidade. A gestão financeira sofisticada de TI e a governança garantem o valor contínuo de negócios.

TABELA 2-1

Global Business Services da Procter & Gamble

Serviços e Soluções de Funcionários

Serviços para funcionários	Pagamentos, benefícios, políticas, desenvolvimento de carreira, planos de trabalho.
Gestão de pessoas	Planos de compensação, realocação, ferramentas para gestão de funcionários.
Instalações	Mudanças no escritório, conveniências: bancos, restaurantes, academias, correio e documentos.
Computadores e comunicações	PCs, e-mails, telefones celulares, intranet, suporte aos serviços.
Reuniões	Salas, tecnologia e programação, conferências de áudio e vídeo, eventos.
Viagens	Reservas, relatório de despesas, cartões de crédito, reuniões em grupos.

Serviços e Soluções de Negócios

Compras	Fornecimento estratégico, gestão de relacionamento com o fornecedor, serviços de compras.
Serviços financeiros e soluções	Razão geral, contabilidade afiliada, contabilidade de produtos/ativos fixos, despesas, contabilidade de vendas/marketing, da compra ao pagamento (inclui as contas a pagar), banco, relatório financeiro.
Inovação do produto	Sistemas bioinformáticos, sistemas de imagem e modelagem de produtos.
Soluções para a rede de fornecedores	Sistemas de planejamento da demanda, gestão do pedido total, sistemas de distâncias físicas.
Soluções para os consumidores	Pesquisa do prospecto primário, sistemas CRM, mensuração da propaganda e da mídia.
Soluções para os clientes	Inteligência do comprador, plano de ação na loja, sistemas de gestão dos "*trade funds*".
Gestão da iniciativa	Desenho técnico de embalagens e materiais, processo de arte da embalagem, rastreamento e relatório do *portfólio.*
Soluções para a performance dos negócios	Cabines de design, modelagem do "*mix*" de mercado, inteligência competitiva, análises de negócios *ad hoc.*

Fonte: Documentos da Procter & Gamble.

Uma plataforma digitalizada, que proporciona serviços compartilhados na organização, cria sinergias entre os negócios autônomos. Tal plataforma não satisfará as necessidades de empresas que buscam maximizar a acessibilidade de dados de clientes e produtos. A PepsiAmericas é um exemplo de uma empresa que constrói uma plataforma digitalizada de dados centrais acessíveis.

PepsiAmericas: Criando um Ativo de Dados

A PepsiAmericas, o segundo maior fabricante, vendedor e distribuidor de bebidas da PepsiCo do mundo, foi formada a partir de uma combinação de três engarrafadores regionais da PepsiCo em 1999.[5] Com vendas de US$ 4,5 bilhões em 2007 e uma média de 10% de crescimento ao ano, a PepsiAmericas também tem negócios no Caribe e no centro e leste da Europa. Porém, 75% das receitas da empresa são geradas nos Estados Unidos, onde mais de 20 mil funcionários engarrafam as bebidas em 32 instalações, colocam-nas em 187 locais de distribuição e as entregam diretamente às lojas e a outros clientes usando 7.200 veículos.

Por muitos anos, o envasamento de refrigerantes era um negócio de volume, com enormes eficiências de escala. Mas o número crescente de produtos, de opções de embalagem e de tipos de clientes significa que os motoristas de caminhões que antigamente carregavam de 35 a 40 produtos diferentes em seus caminhões, hoje carregam de 200 a 300 produtos. Como resultado, o envasamento mudou de um negócio em escala para um negócio em que a lucratividade depende do gerenciamento preciso do estoque, da previsão exata das vendas e da gestão cuidadosa da receita. Do mesmo modo, o modelo operacional da PepsiAmericas exige coordenação mais rigorosa de informações relacionadas aos clientes e aos produtos.

Para proporcionar as informações necessárias, a PepsiAmericas desenvolveu um repositório centralizado de dados da empresa e depósito de dados. O repositório de dados disponibiliza informações em tempo real sobre os principais itens como pedidos, produção, inventário e vendas. A PepsiAmericas aproveitou-se desta plataforma de dados em 2007, quando a gerência transformou as vendas regionais e organização de entrega da empresa em uma estrutura baseada nos principais segmentos de clientes e canais. Por causa do repositório de dados, a reorganização iniciou pouco trabalho de TI, mas ela suportou mais decisões centralizadas de preço.

O COO Ken Keiser explica as implicações estratégicas da reorganização e a plataforma de dados que a suporta:

[A precificação é hoje] feita com muito mais dados históricos, tanto internos quanto externos, da Nielsen e IRI, e os sistemas de TI têm um papel significante nesta. A arquitetura de preço, do ponto de vista financeiro, é, provavelmente, uma das coisas mais importantes que fazemos. Tem a ver com entender o volume, o preço de varejo, os requisitos de margem dos varejistas, fazer "trade-offs". E tudo isso é afetado pelo que você vende todos os dias e quais são seus preços promocionais... E se você consegue ter todos seus dados em um local centralizado, conseguirá desenvolver sua estratégia básica de gestão das receitas.

A reorganização nos segmentos de clientes e canais foi apenas o primeiro passo em alavancar os dados para melhorar a performance. O repositório de dados ajudou a PepsiAmericas a atingir os prêmios de fornecedores do ano dos principais clientes como Walmart, Target e Kroger. A PepsiAmericas também usou os dados para melhorar o planejamento da demanda e a precisão das previsões para reduzir as faltas de estoque. Em conjunto com novas tecnologias de armazenamento, os dados operacionais da PepsiAmericas estão contribuindo para o aumento na eficiência de depósitos e na precisão de carregamentos.

Embora as informações sejam o mecanismo crítico de integração – e, portanto, o núcleo da plataforma digitalizada – para a PepsiAmericas, uma plataforma integrada de dados não é a receita para o sucesso para todas as empresas. A ING Direct constrói operações globais de sucesso sobre um conjunto de produtos e processos de negócios padronizados.

ING DIRECT: Criando uma Plataforma de Produtos e Processos Padronizados

A ING Direct, uma subsidiária do gigante holandês de serviços financeiros, a ING, foi fundada em 1997 como um banco de telefones no Canadá.[6] Uma das empresas com o crescimento mais rápido da história, a ING Direct é uma operação direta para o cliente que oferece os principais produtos bancários para 21,5 milhões de clientes de organizações bancárias de nove países na Europa, América do Norte, Ásia e Austrália via internet, correio ou telefone.

A ING Direct é um banco pessoal e não tem clientes globais. Cada indivíduo que tem negócios com a ING Direct é cliente de um banco específico do país. Assim sendo, a ING Direct não precisa de uma plataforma de compartilhamento de dados entre os países. Em vez disso, seu modelo operacional requer uma marca global que oferece produtos bancários de alto valor simples aos clientes em países diferentes. Para suportar este modelo operacional, a ING Direct desenvolveu uma plataforma digitalizada que consiste em um conjunto de produtos bancários, processos de negócios e infraestrutura de TI e sistema padronizados que são replicados por todos os bancos de países.

A ING Direct oferece um número limitado de produtos, incluindo contas poupança, hipotecas, certificados de depósitos e alguns fundos mútuos. Sua fórmula de taxas altas de poupança e empréstimos com custo baixo continua a atrair mais de $ 1 bilhão por mês em novas contas bancárias.[7] Nesse meio tempo, seus baixos custos operacionais (0,43% de ativos, em comparação a 2,5% para um banco típico com serviços completos) levaram a aumentos, ano após ano, na rentabilidade, mesmo durante os períodos difíceis para as instituições de serviços financeiros.

Para manter a marca ING Direct e para alavancar a escala e melhores práticas, os bancos de nove países oferecem virtualmente o mesmo conjunto de produtos e serviços. Os bancos de cada país implementavam a infraestrutura localmente, na sua maioria de acordo com os padrões globais de tecnologia. A plataforma digitalizada de cada banco de país começa com essa infraestrutura e adiciona sistemas e processos de negócios-padrão. Esses sistemas e processos cobrem os serviços bancários centrais (por exemplo, fundos mútuos, classificações de crédito, corretagem), serviços de relacionamento com os clientes (informações e histórico dos clientes, processos de gestão do relacionamento com clientes), serviços externos (captação de clientes e pagamentos) e serviços de canais (serviços baseados em tecnologia que conectam os sistemas *back-end* aos sistemas de integração de clientes (*customer-facing*)).

Os novos produtos são propostos pelo comitê interbancário de produtos. Um processo completo de propostas identifica os produtos e canais com os maiores valores para o banco todo.[8] Alguns dos módulos de produtos e processos são desenvolvidos localmente, mas a função central de TI da ING Direct criou interfaces-padrão para que, em grande parte, os módulos possam ser disponibilizados a todos os bancos de países da ING Direct. Os gerentes dos bancos de países decidem quais módulos eles gostariam de adotar e podem personalizar os aplicativos, quando necessário, para satisfazer os regulamentos locais.

O COO e CIO do banco, Martin Vonk, observa que a sólida ênfase na réplica de produtos, serviços e processos por todos os bancos de países reduz significativamente a análise de negócios da empresa e os custos de implementação: "A maior parte do dinheiro [em TI] está na análise de negócios e na implementação. E é aí que os *links* horizontais entre países estão criando enormes economias para todos nós. É por isso que conseguimos implementar [nossos] sistemas em semanas – nunca implementamos algo em anos. No máximo alguns meses".

A ING Direct precisa de uma plataforma de produtos, processos e sistemas-padrão, ao passo que o modelo operacional da PepsiAmericas depende de clientes integrados e informações sobre o produto. Os modelos operacionais de outras empresas demandam níveis altos de integração e padronização. A equipe administrativa da Swiss Reinsurance definiu essa visão.

Swiss Reinsurance Company: Harmonizando os Processos e os Dados

Fundada em 1863, a Swiss Reinsurance Company (Swiss Re) é a maior e mais diversificada empresa de resseguros e uma das mais rentáveis do mundo em termos de lucro por funcionário.[9] Operando com 190 escritórios em mais de 30 países, os 10 mil funcionários da Swiss Re proporcionam aos clientes soluções de resseguro para os seguros de propriedade e não vida, seguros de vida e seguro-saúde.

Assim como outras grandes empresas globais, a Swiss Re cresceu ao estabelecer negócios regionais para satisfazer as necessidades da sua base de clientes espalhada. No entanto, esta abordagem regional levou a variações no modo como a Swiss Re realizava suas operações centrais, como gestão de contratos e gestão de ativos. Essas variações refletiram-se nos sistemas que suportam seus processos. No final dos anos 1990, o então CIO, Walter Kielholz, definiu um modelo operacional que exigia satisfazer as necessidades de clientes no mundo todo e a administrar os riscos globalmente. Kielholz iniciou o desenvolvimento de um modelo operacional mundial e uma plataforma digitalizada para padronizar os processos de negócios críticos e entregar informações integradas dos negócios. A plataforma tem três componentes:[10]

1. *Processos de negócios centrais:* um conjunto de aproximadamente 20 processos centrais de alto nível, como a gestão de relacionamento com os clientes, aquisição de risco, precificação do risco e estrutura do risco, propostas de negócios e gerenciamento dos negócios, de contratos, de pedidos de indenização, contabilidade técnica e gestão de ativos.

2. *Sistemas comuns de negócios:* sistemas comuns e ferramentas que suportam os processos de negócios centrais. A Swiss Re conseguiu padronizar aproximadamente 80% dos processos centrais e aplicativos relacionados à TI.

3. *Capacidade de informações integradas:* as informações compartilhadas e globalmente definidas pelos processos centrais. O acesso a essas informações ajuda a gerência a conduzir a *performance* da empresa ao analisar o impacto das decisões individuais nas receitas, riscos, capital, custos e outras medidas importantes.

O chefe da gestão de ativos da Swiss Re observa que a plataforma digitalizada transformou o negócio de gestão de ativos ao proporcionar "um quadro consolidado do que era o resultado de nosso investimento, como ele era, qual era o valor de nossos ativos do ponto de vista da contabilidade e do mercado. Conseguimos então usá-lo para alimentar nossos mecanismos de gestão de risco e várias outras coisas, o que permitiu que nós, eficazmente, tomássemos o segundo passo, que era operar o *portfólio* de maneira consolidada em uma base global".[11]

O chefe de desenvolvimento de produtos observa que a plataforma da Swiss Re permite que a empresa compare a rentabilidade dos negócios por todo o mundo em tempo real. Essa transparência, ele diz, "nos permite dizer: 'Deveríamos escrever mais disso e menos daquilo'". A Swiss Re continua construindo sua plataforma digitalizada, mas sua implementação de processos de negócios centrais digitalizados e dados relacionados suportam a cadeia de valor de uma extremidade a outra.

COMO ARTICULAR UM MODELO OPERACIONAL PARA SUA EMPRESA

Os quatro exemplos demonstram as escolhas diferentes para seu modelo operacional e as plataformas digitalizadas requisitadas. Essas plataformas diferem significantemente nos tipos de capacidades que elas proporcionam.

Se você quer que a TI seja um ativo estratégico, a primeira coisa que precisa fazer é definir um modelo operacional e, em seguida, comunicá-lo. O modelo operacional requer que os líderes de negócios tomem apenas duas decisões a respeito das operações atuais: (1) em quanto padronizar os processos de negócios e (2) em quanto integrar os processos de negócios.

Escolhendo Entre Quatro Opções de Modelos Operacionais

É responsabilidade da alta gerência definir um modelo operacional. Para apoiar uma discussão em nível executivo sobre o modelo operacional de sua empresa, sugerimos que você escolha entre os quatro modelos operacionais, correspondentes aos quatro exemplos deste capítulo. A Figura 2-1 resume os quatro modelos operacionais alternativos.

FIGURA 2-1

Escolhas de quatro modelos operacionais

Integração dos processos de negócios		Baixo	Alto
	Alto	**Coordenação** • Negócios singulares com a necessidade de saber das transações e relacionamentos dos outros. • Capacidade principal da plataforma: fácil acesso aos dados compartilhados para atendimento aos clientes, tomadas de decisão e integração.	**Unificação** • Negócios únicos com padrões de processos globais e dados globais compartilhados. • Capacidade principal da plataforma: processos de negócios padronizados e acesso aos dados globais.
	Baixo	**Diversificação** • Negócios independentes com clientes diferentes e especialidades. • Capacidade principal da plataforma: proporciona economias de escala por meio de serviços compartilhados sem limitar a independência.	**Réplica** • Unidades de negócios similares, porém independentes. • Capacidade principal da plataforma: processos de negócios-padrão e sistemas para eficácia global.
		Padronização dos processos de negócios	

Fonte: © 2009 MIT Sloan Center for Information Systems Research. Reproduzido com permissão.

Os quatro modelos operacionais e os requisitos para suas plataformas digitalizadas anexas são os seguintes:

- *Diversificação:* baixa padronização, baixa integração – envolve a construção de uma plataforma de serviços compartilhados que suportam entidades autônomas de negócios (por exemplo, P&G).

- *Coordenação:* baixa padronização, alta integração – envolve a construção de uma plataforma de informações compartilhadas para suportar as decisões administrativas integradas ou uma face única para os clientes (por exemplo, PepsiAmericas).
- *Réplica:* alta padronização, baixa integração – envolve a construção de uma plataforma de tecnologias e processos de negócios padrão para definir uma marca comum (por exemplo, ING Direct e CEMEX).
- *Unificação:* alta padronização, alta integração – envolve a construção de uma plataforma de tecnologias, processos de negócios e dados compartilhados padronizados para suportar os requisitos globais de clientes de ponta a ponta (por exemplo, Swiss Re e o serviço de entrega de remessas UPS).[12]

Ao reduzir a decisão sobre o modelo operacional a essas quatro opções, você pode focar a atenção da gerência nas implicações estratégicas das suas decisões sobre a TI. Poderá certificar-se de que seus investimentos em TI contribuem para uma plataforma digitalizada que realça a habilidade de sua empresa em operar do modo que você quer que ela opere.

Empresas pequenas geralmente conseguem identificar um modelo operacional e começam a construir uma única plataforma digitalizada de processos para suportar aquele modelo operacional. Empresas mais complexas precisam de dois, três ou mais modelos operacionais – um em cada nível organizacional (por exemplo, pela empresa toda, unidades de negócios, região) onde você quer compartilhar as capacidades da plataforma.[13]

Distribuindo os Modelos Operacionais Diferentes nos Níveis Organizacionais Diferentes

A gigante farmacêutica Pfizer tem funções fortes.[14] Suas três principais entidades de negócios refletem essas funções: P&D, manufatura e marketing. Tanto os objetivos de negócios quanto os requisitos regulatórios exigem que a Pfizer faça o *link* de suas três principais entidades com dados transparentes de transação para que a empresa possa rastrear seus produtos. Assim sendo, em nível de organização, a empresa se beneficia com um modelo de coordenação. No entanto, cada uma das entidades pode escolher um modelo operacional diferente. A manufatura, por exemplo, pode adotar um modelo operacional de unificação. A adoção de um modelo de unificação, simultaneamente, focaria a atenção da gerência na réplica das melhores práticas por todas as instalações da Pfizer para constantemente satisfazer os padrões de segurança e ao mesmo tempo desenvolver dados transparentes para facilitar os processos da rede de fornecimento global.

A Figura 2-2 mostra os modelos operacionais alvo de um dos bancos com o qual trabalhamos – mais rentável em sua região em 2007. Este banco, assim como a maioria dos bancos, tem três grupos de negócios principais: varejo, atacado/corporativo e outros (por exemplo, do tesouro e de investimento). Esses grupos têm produtos e processos de negócios bastante diferentes e alguns clientes compartilhados. Em nível de organização, o banco adotou um modelo de diversificação compartilhando alguns serviços como RH, jurídico, risco e um pouco da TI.

FIGURA 2-2

Modelo operacional alvo de um banco líder em serviços plenos

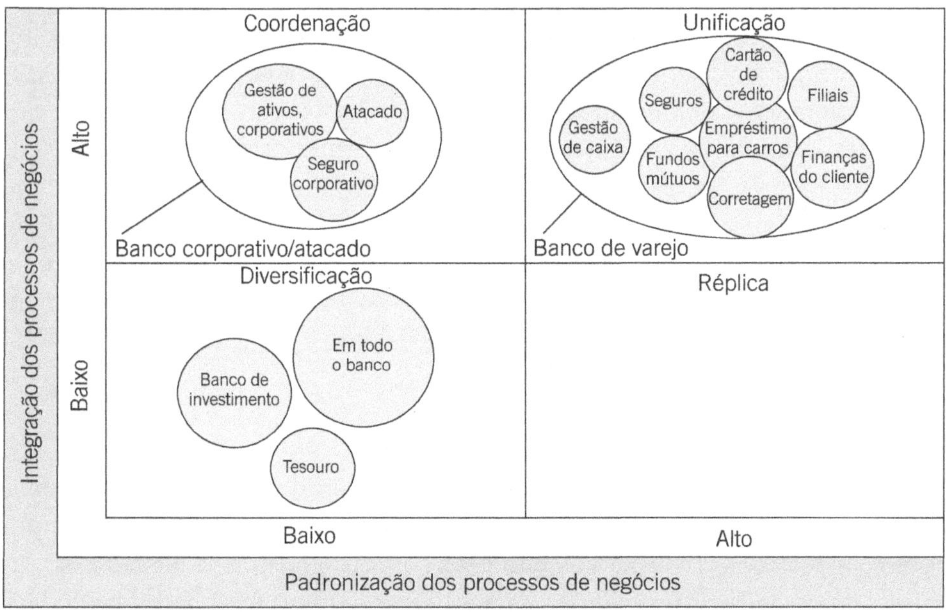

Fonte: © 2009 MIT Sloan Center for Information Systems Research. Reproduzido com permissão.

O banco para atacado/corporativo prospera sobre um pequeno conjunto de clientes com relacionamentos de alto valor. Para encorajar a customização e inovação local, o banco não instituiu processos de negócios padronizados. No entanto, ele insiste em venda cruzada, gestão de risco pelo cliente e em proporcionar uma experiência integrada de clientes. O modelo de coordenação é perfeito para essa abordagem para operar os negócios.

Em contraste, o grupo de bancos do tesouro e de investimento representa necessidades diversas de negócios. O banco está feliz em deixar que os grupos cresçam as linhas individuais de negócios autonomamente, usando os serviços compartilhados da empresa – um modelo de diversificação.

Por último, o grupo varejista abrange muitas linhas de produtos, incluindo cartão de crédito, conta corrente, hipotecas, empréstimos e seguros. O chefe do banco varejista quer encorajar os clientes a "comprar" o máximo possível de produtos de varejo. Sua preocupação é, portanto, a venda cruzada e o serviço integrado ao cliente. Até hoje, ele cumpriu com esses objetivos usando um modelo operacional de coordenação.

A equipe administrativa do banco discutiu quão bem o modelo operacional da empresa satisfaz as necessidades do cliente. O chefe do varejo concluiu que ele precisa ter custos mais baixos do que os concorrentes em produtos que são essencialmente *commodities*. Para fazer isso, ele precisará de uma plataforma de banco de varejo única e integrada, que tenha um só processo, para todos os produtos, para os processos de negócios, tais como a abertura de conta de um cliente, a classificação de crédito, o fechamento de uma conta e a administração do relacionamento. Assim sendo, ele começou a mover todo o negócio de varejo para um modelo de unificação (como mostrado na Figura 2-2) mediante um projeto de renovação do sistema bancário central.

Batendo o Martelo

Os quatro modelos operacionais apresentam oportunidades de crescimento rentável. A escolha do modelo operacional, no entanto, é uma decisão crítica, por que ela estabelece os requisitos de alto nível para sua plataforma digitalizada. Assim sendo, o modelo operacional tem implicações importantes para a habilidade de sua empresa em integrar as aquisições, expandir para novos mercados, introduzir uma nova linha de produtos e competir com base no custo.

O modelo de diversificação precede algumas economias para maximizar as oportunidades criadas pela autonomia local. O modelo de coordenação capacita os indivíduos com informações, ao mesmo tempo em que resiste ao impulso de ditar como eles respondem a essas informações. O modelo de réplica estabelece uma identidade de marca consistente por todas as entidades, ao mesmo tempo em que escolhe não integrar sua operação por meio de dados comuns. O modelo de unificação maximiza as eficiências e o alcance global, ao mesmo tempo em que limita a variabilidade.

A movimentação do quadrante inferior esquerdo para o quadrante superior direito da Figura 2-1 aumenta significativamente o tamanho e a capacidade da plataforma. Na diversificação, o máximo que uma empresa compartilhará são os serviços de tecnologia e os serviços de suporte aos negócios, como RH, financeiro e compras. Em coordenação, a empresa adiciona dados comuns aos requisitos da plataforma de diversificação, ao passo que a réplica adiciona processos de negócios centrais padronizados à plataforma de diversificação. Na unificação, a empresa combina todos os elementos-padrão e compartilhados dos outros três modelos operacionais: tecnologia, processos de negócios centrais, dados por toda a empresa e processos compartilhados de suporte.

A empresa na qual você trabalha provavelmente influenciará sua escolha de um modelo operacional, mas é improvável que ela dite o que funcionará melhor para você. Por exemplo, a Federal Express adotou um modelo de coordenação para competir contra o modelo de unificação da UPS, o qual é altamente eficaz na entrega de remessas. Os motivos para as abordagens diferentes são largamente históricos. A UPS cresceu com uma frota grande de caminhões. A Federal Express começou como um negócio aéreo que, mais tarde, adquiriu uma empresa de entrega de remessas terrestres. Em vez de buscar a unificação, a Federal Express transformou o modelo de coordenação em um ativo, oferecendo serviços customizados que são mais difíceis de serem introduzidos por uma empresa de unificação.[15]

A seleção de um modelo operacional é um compromisso para com a maneira de fazer negócios. Esta pode ser uma escolha assustadora, mas não é possível construir uma plataforma digitalizada sem escolher um modelo operacional. E a escolha de um modelo operacional vale a pena. Em relação a todas as outras, as empresas com uma plataforma digitalizada sólida têm um alinhamento 17% maior entre as capacidades estratégicas que elas dizem precisar e as capacidades que implementaram – uma medida positivamente correlacionada com a lucratividade.[16] Essas empresas também reportaram eficácia operacional mais alta (31%), intimidade com o cliente (33%), liderança do produto (34%) e agilidade estratégica (29%).[17]

Em contraste, uma empresa sem uma plataforma digitalizada é mais lenta em responder às novas oportunidades de mercado. Com cada nova iniciativa estratégica, a empresa deve efetivamente começar de novo. Assim, com cada nova iniciativa, os custos e a complexidade aumentam, o que resulta em TI e processos de negócios emaranhados.

IDENTIFICANDO O QUE É ESTÁVEL PARA ABRIR CAMINHO PARA A MUDANÇA

A definição de um modelo operacional requer que se comprometa com o modo como a empresa operará no futuro. Mas a chave para implementar um modelo operacional eficaz não é uma questão de entender como os negócios mudarão. O que as empresas com conhecimento em TI fazem extraordinariamente bem é reconhecer o que *não* está mudando. Qualquer negócio viável consegue achar algo estável sobre como ele gera vendas e lucros.

Ao definir o que é estável sobre os processos de negócios de sua empresa e escolher um modelo operacional, você estabelece os requisitos de padronização e integração para uma plataforma digitalizada. Esta plataforma elimina as ineficácias e inconsistências de suas operações e possibilita a inovação. Com uma plataforma digitalizada, seu pessoal que trabalha diretamente com o público consegue focar nas necessidades dos clientes sem ter de se preocupar se as informações estão corretas ou se as operações satisfarão as expectativas.

Enquanto você pensa sobre seu modelo operacional, aqui estão algumas regras a ser consideradas.

Sempre

- Especifique um modelo operacional para cada nível em sua empresa onde você reporta a *performance* (por exemplo, em toda a empresa, geograficamente, grupos de produtos, segmentos de clientes).[18]
- Direcione a escolha do modelo operacional para como você fundamentalmente quer lucrar e crescer.
- Faça com que a linguagem do modelo operacional seja parte das conversas diárias em sua empresa. Todas as grandes decisões da empresa (por exemplo, orçamentos, admissões, bônus, planejamento estratégico,

terceirização, lançamentos de novos produtos) são uma oportunidade para reforçar e implementar ainda mais seu novo modelo.

- Envolva a gerência de TI na decisão do seu modelo operacional. A liderança da TI será uma força motriz na construção da plataforma digitalizada que suporta o modelo operacional.
- Identifique quem será responsável pelo projeto e construção da plataforma digitalizada.

Nunca

- Presuma que os processos de negócios precisam ser diferentes apenas porque eles sempre foram diferentes. As entidades de negócios podem aplicar regras diferentes na decisão (por exemplo, algoritmo de precificação, regras de comissão) usando os mesmos processos de negócios.
- Ignore as verdadeiras diferenças. Particularmente, o desenvolvimento de mercados requer operações diferentes das dos mercados estabelecidos.
- Subestime a tarefa. A única maneira de implementar um modelo operacional é por meio da alocação eficaz de direitos e deveres de decisão.
- Tome a decisão do modelo operacional calmamente. Esta é uma decisão que dita as prioridades de investimentos atuais por anos.
- Pense que os modelos operacionais afetam apenas a TI – eles afetam a todos.

Os modelos operacionais não deveriam mudar com muita frequência. Mas quando a gerência decide introduzir um novo modelo operacional, a mudança será extensiva. Além da tecnologia e dos processos de negócios, os papéis das pessoas, os incentivos, e mesmo a cultura da organização serão afetados. Discuta sobre como sua empresa quer operar. A decisão do seu modelo operacional proporcionará a direção para todas as decisões sobre a TI na sua empresa.

Com um modelo operacional claro, você agora está pronto para o maior desafio: seu modelo de financiamento de TI. Este é o tema do próximo capítulo.

3

Renovando Seu Modelo de Financiamento de TI

Você acredita que sua empresa gastou a quantia correta de dinheiro em TI no último ano? Você acredita que sua empresa alocou este gasto com TI nos lugares certos? Você acredita que sua empresa teve os retornos certos de seus gastos com TI? Se você não respondeu sim às três perguntas, é hora de rever seu modelo de financiamento de TI.

As decisões de financiamento de TI são importantes porque, à medida que os sistemas são implementados, elas se tornam parte do legado de sua empresa. Seu suporte atual requer tempo e dinheiro. Mais importante, os sistemas influenciam, restringem ou ditam como os processos de negócios são realizados. Assim sendo, pense nas decisões sobre o financiamento de TI como decisões estratégicas de longo prazo que implementam o modelo operacional de sua empresa. Em outras palavras, suas decisões sobre o financiamento de TI são responsabilidade da alta gerência.

Apesar das implicações estratégicas das decisões sobre o financiamento de TI, descobrimos que os altos gerentes muitas vezes relutam em tomá-las. Quando os altos executivos se abdicam da responsabilidade pelas decisões sobre o financiamento de TI, os executivos de TI ou as unidades de negócios geralmente são os que precisam estabelecer as prioridades. Frequentemente, unidades de negócios individuais aprovam e financiam centenas de casos de negócios, deixando a unidade de TI agir como árbitro, ou corajosamente tentam cumprir todos os projetos. O resultado é um acúmulo de iniciativas atrasadas e um conjunto de sistemas com valor comercial dúbio e custos altos de suporte – evidência clara de que o modelo de financiamento de TI está quebrado.

É quase impossível obter o valor da TI se seu modelo de financiamento de TI está ultrapassado. Como mudá-lo? Este capítulo examina o conjunto de fatores inter-relacionados que compõem um modelo de financiamento de TI eficaz: os processos que podem torná-lo eficaz e um meio de avaliar os riscos e recompensas de investimentos alternativos em TI. Primeiro, discutiremos as transformações de negócios na BT, uma das maiores empresas de telecomunicações do mundo. Um dos primeiros passos da BT na sua transformação foi renovar seu modelo de financiamento de TI.

FINANCIANDO A TRANSFORMAÇÃO DA BT

Quando Ben Verwaayen chegou à BT como o novo CEO, em 2002, a empresa sofria os efeitos da queda da internet e estava sobrecarregada de dívidas oriundas de uma expansão rápida durante os anos de progresso que precederam, além do que enfrentava um ambiente recente de telefonia competitiva. Verwaayen reestruturou três linhas de negócios: varejo, atacado e serviços globais. Sua meta era transformar a BT de uma empresa de telecomunicações tradicional em uma líder global em serviços de TI na rede.[1]

Verwaayen acreditava que todos os serviços da BT deveriam ter o mesmo "sabor, aparência e tato" e que a experiência dos clientes deveria ser a mesma, independentemente do ponto de contato com a BT. Ele "estressou" a importância de administrar cuidadosamente os custos entre os negócios, ao mesmo tempo em que buscava novas fontes de receitas. Verwaayen esperava que a TI fosse uma ferramenta crítica para possibilitar a transformação comercial da BT. Ele formou uma diretoria de TI, um grupo de treze líderes de negócios e de TI responsáveis pelas decisões de investimento em TI. Em suas reuniões trimestrais, a diretoria de TI estabelece as direções para a TI, estabelece as prioridades de financiamento e monitora o retorno sobre os investimentos (ROI) dos projetos estratégicos.

Em 2004, Verwaayen trouxe para a empresa Al-Noor Ramji como CIO. Naquela época, a BT tinha mais de 4 mil sistemas e seus mais de 6 mil funcionários de TI trabalhavam em aproximadamente 4.300 projetos. Ramji percebeu que o ambiente de TI da empresa não havia sido projetado para integração ou custo baixo. Ele estabeleceu o "*One IT for One BT*" (Uma TI para Uma BT) para consolidar o ambiente de sistemas e reduzir o portfólio de projetos. Ele reorganizou o portfólio de projetos da BT, almejando os três processos de negócios centrais: *lead-to-cash* (vender algo), *trouble-to-resolve* (consertar algo) e *concept-to-market* (inovar algo). Esses três processos definiram os elementos-chave do modelo operacional de unificação da BT e proporcionaram o foco para o gasto com TI e alocação dos recursos.

Ramji introduziu um processo disciplinado de planos de negócios para as decisões de financiamento de TI. Neste processo, as linhas de negócios prepararam um plano de negócios detalhando os negócios específicos que se beneficiariam de uma nova iniciativa, enquanto o grupo de TI fornece opiniões sobre os custos, opções de tecnologia, abordagens alternativas e períodos de tempo. Como regra geral, todos os planos de negócios devem demonstrar um ROI aceitável. No entanto, nem todas as iniciativas de negócios conseguem transpor o obstáculo do ROI. Algumas iniciativas de negócios são estruturais ou autorizadas por regulamentações ou têm benefícios que são difíceis de quantificar. Nesses casos, Ramji exige que o proponente obtenha a aprovação do CEO. Às vezes, são necessárias solicitações diretas ao CEO, mas elas são raras, em parte porque exigem um investimento do capital político do proponente.

O processo de planos de negócios não termina quando um projeto é aprovado. Os projetos devem demonstrar sua viabilidade em vários estágios durante todo o desenvolvimento. Um projeto é iniciado em uma reunião de três dias, fora do local, chamada "estufa", na qual membros da equipe de negócios e do programa de TI, incluindo clientes, determinam o escopo do programa. Dentro de dez dias após completar a "estufa", eles finalizam o plano formal de negócios, priorizam os recursos e indicam o financiamento. Eles também estabelecem as medidas para revisões regulares. Em seguida, a cada 90 dias, uma equipe central revisa cada programa contra os objetivos e medidas determinados na "estufa". A equipe financeira da BT escolhe cancelar qualquer projeto que não satisfaça os objetivos e as medidas estabelecidos. Os resultados das revisões são publicados no site interno da BT na internet. Essas revisões continuam além da implementação, quando uma revisão após a implementação estabelece o sucesso da iniciativa em gerar retornos comerciais esperados.

Como resultado dessa e de outras mudanças, a BT consolidou seu ambiente de sistemas e construiu uma plataforma digitalizada para suportar *lead-to-cash*, o primeiro dos três processos principais. A empresa reduziu seus custos totais com TI em 14% e cortou os custos por unidade dos serviços de TI, ao mesmo tempo em que triplicou a produção e dobrou a velocidade de entrega. O melhor de tudo é que o novo processo de financiamento de TI da BT facilitou a transformação da empresa em um negócio capaz de competir com o Google e a Amazon em fornecer serviços digitalizados e processos de negócios para o mercado.

A BT descobriu que o novo processo de financiamento de TI ajudou a promover o aprendizado. Por exemplo, as "estufas" exigiam que as pessoas de negócios e de TI fizessem grandes mudanças no modo como elas entregam os sistemas. Não obstante, quando todos os programas haviam passado pelo seu segundo ciclo de 90 dias, a maioria dos gerentes de negócios e de TI na BT havia se adaptado bem com o processo. As revisões regulares enfatizam mais a extração de benefícios dos projetos atuais. Ao mesmo tempo, os participantes conseguem ver quais medidas e resultados são realistas e mais relevantes para alcançar os objetivos de negócios. Com o tempo, isso leva a melhores planos de negócios. E planos de negócios melhores geram sistemas e processos de impacto mais alto, porque as pessoas por toda a empresa começam a reconhecer o que elas deveriam exigir das iniciativas de mudanças de negócios possibilitados pela TI. Todo este aprendizado faz com que a BT seja uma empresa com mais conhecimento em TI.

A ABORDAGEM DE EMPRESAS COM CONHECIMENTO EM TI AO FINANCIAMENTO DE TI

Assim como todas as empresas, aquelas com conhecimento em TI acham que as decisões sobre investimentos em TI são desafiadoras. Elas têm mais oportunidades de investir em TI do que verbas (ou atenção) para investir. Mas, como demonstrou a BT, os modelos de financiamento de TI em empresas com conhecimento em TI têm três componentes importantes. Primeiro, os altos executivos *estabelecem prioridade e critérios claros* para seus investimentos em TI. Segundo, a gerência *desenvolve um processo transparente* para avaliar os projetos potenciais e alocar recursos. Terceiro, a gerência *monitora o impacto das decisões de investimentos anteriores* e usa este aprendizado para direcionar os investimentos futuros.

Esta não é uma lista de práticas fáceis de implementar. Adicione a esta fortes personalidades, coalizões, agendas políticas, reorganizações e números cuidadosamente manipulados. Apesar dos desafios, as empresas com conhecimento em TI implacavelmente buscam essas práticas e aprendem com cada experiência. Com o passar do tempo, sua adesão a esses princípios mostra melhorias contínuas em seus processos de financiamento e nos sistemas resultantes. Vamos explorar cada prática.

Estabelecendo Prioridades e Critérios Claros

O ponto de partida para suas prioridades de financiamento é o seu modelo operacional (capítulo 2), que esclarece suas prioridades de operações estratégicas e, por consequência, suas prioridades de TI. A BT definiu ainda mais suas prioridades ao esclarecer três processos de negócios centrais (*lead-to-cash, trouble-to-resolve* e *concept-to-market*). A maioria das empresas com conhecimento em TI que estudamos desenvolveu uma lista similar de prioridade dos processos de negócios. Esses processos alimentam o modelo operacional.

Nem todas as empresas moldam suas prioridades de TI em termos de processos centrais de uma extremidade a outra. A Southwest Airlines, a maior empresa aérea dos Estados Unidos em termos de fluxo de passageiros, usou um conceito similar, mas uma linguagem diferente. A Southwest estabeleceu prioridades de financiamento de TI ao focar em suas "transações sagradas" – aquelas transações que captam os principais dados operacionais por toda a empresa. No final de 2001, a gerência da Southwest reconheceu que o ambiente de sistemas da empresa limitava sua habilidade de se adaptar às mudanças do mercado e servir seus clientes eficazmente. Ao rever seus requisitos estratégicos, a gerência concluiu que o sistema de reservas da empresa estava no coração das transações sagradas da empresa e que este havia tornado-se ultrapassado. Assim sendo, ao mapear a transformação comercial da Southwest, a gerência fez uma lista dos dados e processos relacionados às reservas como sua prioridade principal.[2]

A Swiss Re, por outro lado, focou nas 20 atividades do *front office* e do *back office*, como descrito no capítulo 2. Este conjunto maior de atividades definidas mais estreitamente é típico de como as instituições de serviços financeiros definem suas prioridades de processos. O que as abordagens da BT, da Southwest e da Swiss Re têm em comum é que elas criam um foco para os esforços das mudanças de negócios. O foco ajuda a almejar os gastos em projetos com valor alto.

Idealmente, você concentraria todos seus investimentos nas suas principais iniciativas estratégicas. Mas é claro que você não consegue evitar pressões para endereçar as mudanças impostas externamente (por exemplo, novas regulamentações), requisitos de manutenção (por exemplo, pequenas mudanças aos aplicativos para mantê-los atuais e em operação em tempo aceitável de respostas) e ameaças da concorrência (por exemplo, necessidade de responder ao novo atendimento digital ao cliente da concorrência). Como a opção da BT pela aprovação do CEO, você precisará de um mecanismo para endereçar essas demandas. Isso faz parte de um processo transparente para tomar as decisões sobre financiamento.

Desenvolvendo um Processo de Priorização Transparente

Uma vez que a BT havia estabelecido as prioridades dos processos de negócios, a gerência definiu os requisitos para os planos de negócios e os critérios nos quais as decisões seriam baseadas. As empresas com conhecimento em TI regularmente identificam uma equipe de liderança sênior com responsabilidades básicas pela priorização da TI. Essas equipes de altos gerentes definem, no mínimo, os processos centrais e as iniciativas estratégicas de mudanças. Onde houver tensão entre as prioridades estratégicas, essas equipes geralmente decidem quais projetos seguem adiante e quais são barrados.

Quando as empresas buscam grandes iniciativas de mudança, algumas vezes delegam a um único executivo – geralmente o CIO – o estabelecimento das prioridades para certificar-se de que a iniciativa seja totalmente financiada durante seu curso de vida. Quando uma iniciativa grande consome todo o financiamento, as empresas não se beneficiam muito com as discussões prolongadas da alta gerência sobre as alternativas de financiamento. O tempo do alto executivo é mais bem gasto liderando a mudança nos negócios. Este foi o caso de um consórcio de saúde que implementou um registro médico eletrônico em seus vários hospitais – o CIO simplesmente assumiria a definição da sequência de projetos. No entanto, se você estiver buscando oportunidades estratégicas múltiplas, provavelmente precisará de um comitê de altos executivos, como na BT, para debater as alternativas e suas implicações para a empresa.

Independentemente de quem tome as decisões finais de priorização, as empresas que têm um desempenho ótimo são claras sobre os critérios para os projetos aprovados. Tais critérios especificam o que faz parte de um plano de negócios e como os patrocinadores do projeto serão responsabilizados pelos benefícios que eles estimam em um plano de negócios.

Planos de negócios sólidos requerem que a unidade de TI forneça uma estimativa dos custos atuais de suporte da TI. Para que tais custos tenham significado, o departamento de TI precisa criar transparência em relação aos seus custos por unidade (por exemplo, custo por *laptop* com suporte total, custo por página impressa, custo por unidade de armazenamento de dados, custo por desenvolvimento). Muitas unidades de TI não completaram o tipo de exercício de custo baseado na atividade que elas precisam para ajudar as pessoas de negócios a entenderem os custos atuais de suas iniciativas. O rastreamento do custo por unidade deve ser uma prioridade alta para todas as unidades de TI. Se você não sabe quanto custa operar e manter seus principais aplicativos e serviços de infraestrutura, pode apostar que você está gastando muito.

A falta de um processo transparente invariavelmente leva a políticas disfuncionais, pois os indivíduos procuram influenciar as pessoas que acham que podem ajudá-las a obter aprovação para seus projetos. Se você vir que negociações de financiamento de projetos estão sendo feitas no campo de golfe ou como parte de uma negociação de compensação, saberá que seu processo não é suficientemente transparente.

Monitorando os Impactos das Decisões Anteriores Sobre o Investimento

A obtenção de valor da TI é um processo de aprendizado, e nossa pesquisa repetidamente descobriu que uma das ferramentas mais valiosas para o aprendizado é uma revisão após a implementação (RAI). Muitas empresas tentaram empregar revisões após a implementação, mas apenas 24% delas reportaram programas eficazes de RAI.[3] Uma RAI adiciona valor ao ajudar, de forma transparente, os interessados a entender onde suas estimativas de valor potencial estavam erradas e como os gerentes conseguem extrair mais valor de outras iniciativas similares.[4]

O programa de revisões após a implementação da BT desenvolve o aprendizado efetivo sobre o valor obtido de cada projeto e o que é possível obter do próximo projeto. A BT tem um comitê central, responsável pelos processos consistentes de RAI, que compara o valor gerado ao valor estimado em cada plano de negócios. O processo de RAI da BT começa antes do desenvolvimento e continua a cada 90 dias por meio da implementação, portanto, os interessados conseguem identificar as questões ou os assuntos à medida que eles emergem.

As empresas com conhecimento em TI usam o processo de RAI para completar o ciclo de financiamento de TI – da ideia à implementação à medida de valor à próxima ideia. Nesse meio tempo, o processo transparente facilita a transição de financiamento do projeto para a avaliação do projeto. Agora é uma boa hora para começar a certificar-se se a sua abordagem de financiamento de TI tem os três componentes importantes que encontramos nas empresas com conhecimento em TI. Como descobrimos na BT, é preciso tempo para desenvolver proficiência nessas áreas.

ADMINISTRANDO SEU PORTFÓLIO DE TI

O primeiro passo para obter valor é estabelecer os processos para administrar o financiamento de TI. Mas como você consegue julgar se a empresa está, no total, alocando seus gastos apropriadamente? Uma das maneiras é mover a moldura de referência (e, portanto, o futebol político de priorização da TI) do projeto de TI para o portfólio de TI. Temos nos focado nos gastos para projetos de TI que introduzem novas capacidades para uma empresa, mas a empresa média gasta mais de dois terços de seu orçamento de TI na operação e manutenção de seus sistemas existentes. Geralmente, é a parte de sustentação e manutenção do orçamento que leva os executivos a se preocuparem por que eles não estão obtendo um bom valor da TI. Assim sendo, o primeiro passo para administrar um portfólio de TI é distinguir entre os dois tipos de gastos: financiamento de projetos para novas iniciativas e orçamentos operacionais para sustentar a TI.

Financiamento de TI para Iniciativas Novas em Comparação às Iniciativas de Sustentação

Todos os gastos com TI encaixam-se em uma das duas categorias: iniciativas novas e iniciativas de sustentação. Os gastos com sustentação mantêm os sistemas atuais em operação e incluem manutenção e atualização regulares – muitas vezes conhecido como "manter as luzes acesas". As despesas com sustentação são normalmente vistas como gastos não discricionários nas empresas. Como resultado, o gasto com sustentação pode ser uma fonte de frustração. Em 2007, a empresa média consumia 71% de seu gasto total de TI (despesas operacionais mais capital) na categoria de sustentação.[5]

Os outros 29% dos gastos com TI de uma empresa média eram alocados a novas iniciativas de negócios. Novos investimentos incluem todas as novas iniciativas de negócios e as principais mudanças nos aplicativos e processos de negócios, incluindo nova infraestrutura em TI. Os investimentos em novas iniciativas são normalmente aprovados como projetos individuais. Para certificar-se de que esses projetos contribuem para as prioridades estratégicas, um número crescente de empresas agrupa os projetos em programas. Os programas correspondem às iniciativas de grandes mudanças e construção de plataforma da empresa. Os altos gerentes – geralmente em pares de TI de negócios – lideram esses programas e coordenam os múltiplos projetos para alcançar os objetivos de seus programas. Na BT, Al-Noor Ramji e seus colegas atribuíram cada projeto a um dos 29 programas, os quais davam suporte aos vários aspectos dos três processos principais da empresa. A Figura 3-1 mostra como novos investimentos e investimentos de sustentação se combinam para criar um portfólio de TI.

Mais importante, nossas análises estatísticas mostram que as empresas que alocam mais de seus gastos com TI para novas iniciativas, em vez de iniciativas de sustentação, tinham crescimento de receitas e margens líquidas significativamente mais altas do que seus concorrentes. Porém, 32% das grandes empresas estudadas despenderam mais de 75% do total de seus gastos em TI para operar os sistemas existentes. Em algumas empresas, os investimentos de sustentação chegavam a 85% dos investimentos em TI. Por vários motivos, essas empresas que não têm conhecimento em TI estão desperdiçando mais de seus gastos em TI para ficarem no mesmo lugar. Um dos papéis do modelo de financiamento de TI é movimentar 75% para um nível mais competitivo – digamos 60% – ao procurar soluções comuns e consolidar o emaranhado de TI que existe em muitas empresas.[6]

Os líderes de negócios instintivamente reconhecem as vantagens de gastar mais em novos projetos e menos para simplesmente manter as luzes acesas. No entanto, o simples fato de tirar o gasto não discricionário da tomada não é uma boa abordagem para repesar seu portfólio de TI. Se você quer reduzir o gasto não discricionário, precisará reduzir as variações desnecessárias nos processos de negócios, nas tecnologias e nos aplicativos que opera. A gestão do portfólio facilita o pensamento sobre como você aloca seus gastos com TI.

FIGURA 3-1

O que contém o portfólio de TI

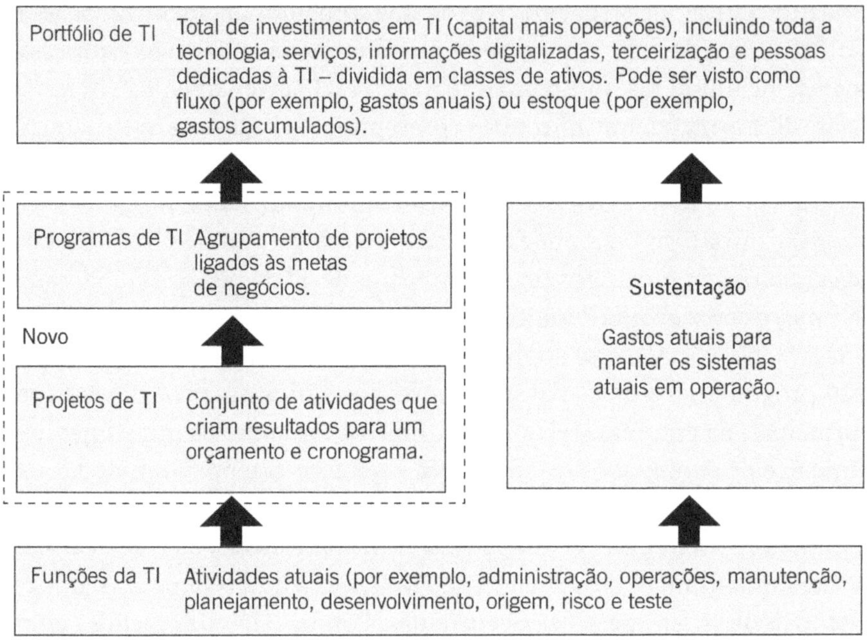

Fonte: © 2009 MIT Sloan Center for Information Systems Research. Reproduzido com permissão.

Os Perfis de Risco-Retorno das Classes Diferentes de Ativos

O portfólio de TI examina holisticamente os gastos da empresa com TI.[7] Categorias diferentes de gastos com TI têm perfis diferentes de risco-retorno.

Considere, por exemplo, os perfis de risco-retorno diferentes dos investimentos para expandir a capacidade da rede ante um sistema de inteligência comercial. A expansão na capacidade da rede poderá ser direcionada pela avaliação dos riscos de não se fazer o investimento, como o aumento no tempo de parada do sistema ou tempo de resposta inaceitável para o atendimento ao cliente. E também a capacidade limitada da rede poderia atrasar novas iniciativas de negócios que exigem muita largura da banda (por exemplo, serviços que incorporam vídeos). Em contraste, um novo aplicativo de inteligência comercial poderia gerar retornos comerciais ao possibilitar que a capacidade melhorada identificasse novos mercados ou serviços se os *insights* identificados fossem monetizados com sucesso. Um risco importante para a inteligência comercial é que os retornos podem não exceder significativamente os custos de implementação e operação do sistema.

A gestão eficaz do portfólio reconhece as principais diferenças nos objetivos dos investimentos em TI de uma empresa, portanto, esses investimentos individuais são avaliados de acordo com seus objetivos diferentes. A consideração sobre o portfólio ajuda as empresas a evitar a abordagem de "tamanho único" para priorizar os projetos. Um quarto das empresas no *Fortune 1000* adotou a gestão do portfólio de TI, e há evidências de lucros. Um estudo identificou que 18% das empresas com os processos de gestão do portfólio de TI mais sofisticados também têm rentabilidade mais alta.[8]

O portfólio de TI divide os investimentos em TI de uma empresa em classes de ativos, com perfis diferentes de risco-retorno – assim como caixa, títulos, imóveis e vários outros tipos de investimento em patrimônio oferecem perfis diferentes de risco-retorno em seu portfólio financeiro. Existem várias maneiras de classificar os investimentos em TI em classes de ativos, e as empresas normalmente modelam suas classes de ativos para combinar com a linguagem que elas usam para a tomada de decisão administrativa.

A Figura 3-2 mostra um conjunto de quatro classes de ativos para um portfólio de TI, desenvolvido no Center for Information Systems Research (CISR) do MIT. Todos os anos coletamos *benchmarks* sobre esses quatro tipos de classe de ativos:

- *TI Estratégico:* aumenta as vendas e conduz os experimentos de negócios.
- *TI Informativo:* fornece informações sobre a administração.
- *TI Transacional:* corta os custos de negócios por meio da automação.
- *Infraestrutura de TI:* proporciona uma base compartilhada dos serviços de TI.

Os investimentos estratégicos em TI focam nos experimentos de negócios. Esses investimentos são arriscados, pois respondem às novas oportunidades de negócios de maneira que requerem o desenvolvimento de novas capacidades. As empresas experimentam com novos canais, novos serviços de atendimento eletrônico aos clientes e novas ligações eletrônicas com os parceiros. Aproximadamente metade de todos os investimentos estratégicos falha; portanto, a justificativa – e o processo de revisão após a implementação – para os projetos nesta classe de ativos precisa avaliar o conjunto completo de investimentos estratégicos, em vez dos projetos individuais.

Os investimentos informativos em TI fornecem informações para o relatório financeiro, aderência às normas, comunicação, análise e tomada de decisões administrativas. Fornecem também informações para a comunicação interna e análise (por exemplo, análise de vendas) e comunicação externa (por exemplo, fornecer informações sobre o produto para os clientes). Os investimentos informativos ainda incluem a TI para a maior parte das aderências às normas regulatórias. Os investimentos em aderência às normas regulatórias são necessários, mas as empresas deveriam estar buscando meios de investir em capacidades que adicionam valor, em vez de consistentemente adicionar uma nova camada de aplicativos aos sistemas que já são complexos.

Os investimentos transacionais cortam os custos ou aumentam a produção pelo mesmo custo (por exemplo, pense no sistema de processamento comercial de uma empresa de corretagem). Os investimentos transacionais automatizam os processos de negócios, reduzindo a complexidade e os custos. Eles normalmente têm planos de negócios baseados em um ROI solidamente positivo e são os menos arriscados entre as classes de ativos.

Os investimentos em infraestrutura são a base do portfólio de TI. A justificativa para esses investimentos é, algumas vezes, a redução de custos. Os investimentos que padronizam e consolidam as tecnologias devem reduzir os gastos não discricionários.

Mas alguns investimentos em infraestrutura proporcionarão novas capacidades (como os investimentos em VOIP ou tecnologias móveis). Esses investimentos são opções para o futuro, mas, uma vez implementados, eles aumentarão as despesas com sustentação e potencialmente possibilitarão tempo mais rápido para o mercado. Além disso, a unidade de TI identificará os investimentos preventivos, como os investimentos do governo na reconstrução de estradas e pontes. À medida que as empresas tornam-se tecnologicamente intensivas, a gerência precisa comprometer-se com a renovação contínua dos ativos de infraestrutura da empresa.

FIGURA 3-2

Riscos e retornos das classes de ativos de investimentos em TI

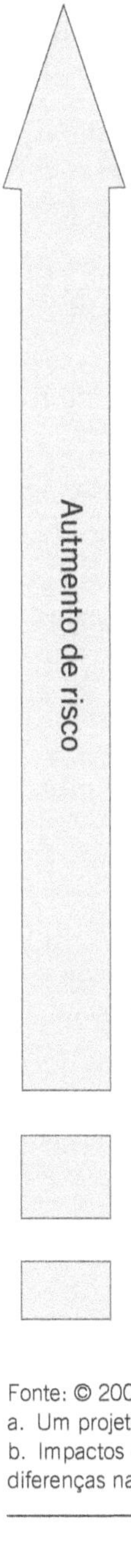

Classes de ativos de TI[a]	Tipos de investimentos	Características do risco-retorno[b] pessoal	Analogia ao portfólio de investimento
Estratégico	Suporta a entrada em novos mercados, desenvolvimento de novos produtos, experimentos estratégicos usando a TI (por exemplo, terminais eletrônicos de bancos).	Correlacionado a mais vendas de produtos customizados. O maior risco, grande potencial superior e 50% de chances de fracassar.	Mercados emergentes.
Infraestrutura	Proporciona a base dos serviços compartilhados de TI (técnico e humano) usado pelos vários aplicativos (por exemplo, servidores, redes, laptops, banco de dados de clientes compartilhados.	Correlacionado ao aumento no valor de mercado e custo mais alto em curto prazo. Risco moderado em razão da vida longa e incerteza comercial e técnica.	Opções mais imóveis.
Informativo	Fornece informações para administrar, contabilizar, reportar e comunicar-se internamente e com os clientes, fornecedores e reguladores (por exemplo, análise de vendas ou SOX).	Correlacionado à margens de lucros mais altas. Risco moderado devido à dificuldade de agir com base nas informações para criar valor comercial.	Fundo amplo de índice de mercado (por exemplo, S&P 500).
Transacional	Automatiza os processos de negócios, corta os custos, ou aumenta o volume de negócios que uma empresa consegue conduzir por custo por unidade (por exemplo, faturamento, renovação de seguros).	Fortemente correlacionada a custos de negócios mais baixos. Risco mais baixo com retorno sólido de 25-40%.	Títulos.

Fonte: © 2009 MIT Sloan Center for Information Systems Research. Reproduzido com permissão.

a. Um projeto único pode ser uma combinação de mais do que uma classe de ativos.

b. Impactos estatisticamente significantes na performance da empresa, controlando o tamanho da indústria e as diferenças nas empresas.

Pelo fato de essas classes de ativos oferecerem riscos e retornos bastante diferentes, a gestão do portfólio ajuda a empresa a monitorar e ajustar os investimentos em TI de acordo com os objetivos de performance da gerência. A Figura 3-2 resume o impacto financeiro dos investimentos em cada uma das quatro classes de ativos, usando a analogia para avaliar as classes em um portfólio pessoal de investimentos. O entendimento dos perfis de risco-retorno das classes de ativos permitirá que você faça, mais confiantemente, alterações no tempo orçamentário. Como resultado dos benefícios de suas práticas como RAI, as empresas com conhecimento em TI têm riscos mais baixos nas classes mais arriscadas de ativos, como os investimentos estratégicos e em infraestrutura. Assim sendo, as empresas com conhecimento em TI conseguem investir mais e com mais confiança em TI e avaliar seus portfólios de TI para as classes mais arriscadas de ativos.

A chave para a gestão eficaz do portfólio é rever seus investimentos pretendidos em TI por classe de ativos. Considere suas metas estratégicas, o perfil de risco-retorno das classes de ativos de TI e quanto conhecimento em TI você tem hoje em dia e se pergunte: "Esta é a mistura certa para nós? Ou precisamos de mais economias de custos ou investimentos estratégicos neste ano?". A EMC usou a gestão do portfólio para simultaneamente possibilitar as inovações ao atendimento ao cliente por toda a empresa e às unidades de negócios locais.

GESTÃO DO PORTFÓLIO NA EMC

A EMC, uma empresa de alta tecnologia com 40 mil funcionários no mundo todo, projeta, constrói e vende sistemas para armazenamento, softwares e serviços para lojas, protege e alavanca informações.[9] Ela tem quatro segmentos principais de negócios: armazenamento de informações, gestão do conteúdo e arquivamento, segurança das informações e infraestrutura virtual. Em 2008, a margem de lucro líquido da EMC foi de 9%, comparado com a média da indústria de 3,4%. Suas receitas cresceram 19% em 2007, para $ 13,2 bilhões, e 12% em 2008, para $ 14,9 bilhões.

Já que as receitas da EMC cresciam dramaticamente, seus sistemas também cresciam. Com aproximadamente 40 aquisições desde 2003, o ambiente de sistemas tornou-se bastante complexo. Um alto executivo de TI na EMC considerou que "gastar dinheiro foi fácil e nós não tínhamos uma visão holística".

A EMC vem desenvolvendo seus processos de gestão do portfólio desde 2001. Cada unidade de negócios tem uma organização de gestão de processos e do portfólio (PPMG), que consiste principalmente de pessoas de TI voltadas para os processos. A organização de PPMG administra a demanda e otimiza o portfólio para a unidade de negócios. Além disso, as unidades de PPMG interagem com a organização central de TI, a qual proporciona desenvolvimento de aplicativos, serviços de infraestrutura e segurança.

Em nível de corporação, a gerência foca em três categorias de investimentos em TI (Figura 3-3). As duas primeiras referem-se aos dois processos centrais da EMC: *requisition-to-cash* (o portfólio geral e administrativo) e *lead-to-service* (o portfólio de operações dos clientes). A terceira categoria, o portfólio de TI, capta outros investimentos centralizados em TI. Um comitê de coordenação (que tem como membros o CIO, os vice-presidentes executivos e os vice-presidentes diretores) estabelece as prioridades estratégicas e supervisiona o portfólio de toda a corporação. Um processo rigoroso de planos de negócios é usado para alocar os recursos centrais de TI às demandas das unidades de negócios e para garantir que as metas da unidade de negócios e da corporação sejam alcançadas.

Na EMC, a gestão do portfólio permitiu que uma empresa cada vez mais complexa equilibrasse as demandas das unidades de negócios e da corporação. A EMC reduziu seu número de aplicativos de TI de 600 para 450. A TI também melhorou a gestão dos fornecedores e abastecedores, reduziu os custos com consultoria e eliminou os grupos "fantasmas" de TI (as organizações de TI criadas pelas unidades de negócios para lograr a TI central). Agora o investimento em TI é baseado nas medidas quantitativas de sucesso – uma mudança extremamente importante, uma vez que a TI constitui aproximadamente 16% do capital orçamentário da EMC.

A mudança para a gestão do portfólio de TI ajudou a racionalizar os investimentos em TI e liberou os financiamentos de TI para gastos mais estratégicos. A EMC baixou seu total de gastos com TI em 2006 para 3,1% das receitas (em relação à média da indústria de 5,3%). As alocações de investimentos da EMC agora são 23% estratégicas (o dobro da média da indústria de 11%), 20% informativas (média da indústria: 18%), 23% transacionais (média da indústria: 25%) e 34% em infraestrutura (média da indústria: 46%).[10] A consolidação da infraestrutura e dos aplicativos liberou o financiamento para investimentos estratégicos, ao mesmo tempo em que reduziu os gastos em geral com TI.

FIGURA 3-3

Gestão do portfólio de TI na EMC

A TI é o parceiro comercial para o qual você se volta para obter uma plataforma comum.

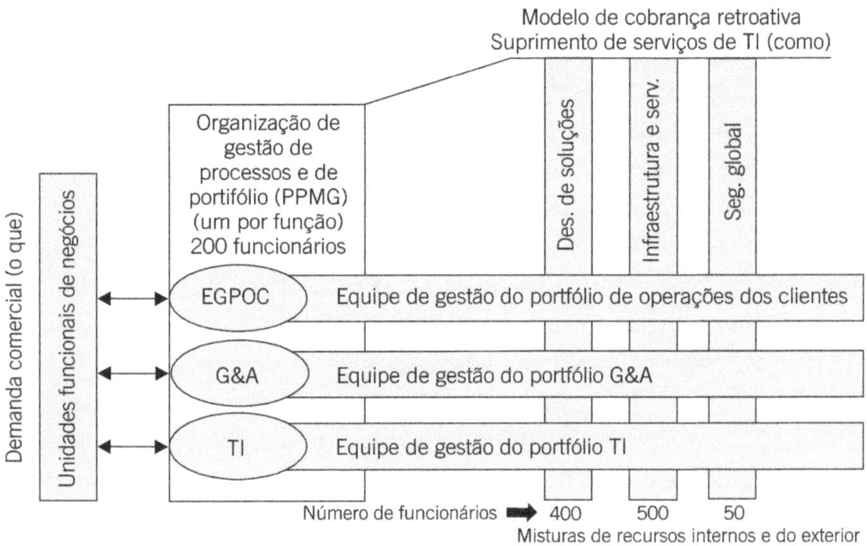

Benefícios

- Melhoria na identificação e reprojeção de processos em suporte à distribuição da tecnologia.
- Entendimento claro sobre como usar os serviços de TI.
- Aumento no controle fornecido às empresas para estabelecer as prioridades e adquirir o investimento necessário.
- Financiamento controlado pelas funções de negócios.
- Níveis de serviços administrados centralmente nos custos mais baixos possíveis.

Fonte: Documentos da EMC e entrevistas com executivos da EMC.

Talvez o resultado mais valioso da gestão do portfólio seja que 80% do orçamento de novas iniciativas vá para as iniciativas da corporação. Isso deu à EMC uma visão única dos clientes e produtos em todas as unidades de negócios. Os 20% restantes do orçamento para novas iniciativas vão para a inovação das unidades de negócios locais. Ken LeBlanc, diretor sênior de operações de negócios de TI, resumiu a experiência da EMC: "A inclusão da gestão de portfólio e a governança fundamental nos permitiu alinhar, consistentemente, o orçamento de TI e recursos às prioridades certas de negócios. Antes disso não conseguíamos medir precisamente a eficácia dos investimentos em TI e a contribuição direta aos processos de negócios da EMC".

O BENEFÍCIO DE MUDAR O QUE ESTÁ ULTRAPASSADO

Nesses últimos dois capítulos, argumentamos que as empresas não conseguem gerar valor de negócios de TI se elas não esclarecerem seu modelo operacional ou se seu modelo de financiamento de TI não estiver funcionando. É por isso que a primeira obsessão de uma empresa com conhecimento em TI é mudar o que está ultrapassado. Uma vez que você assumiu direcionar o financiamento de TI para as necessidades de negócios estratégicos, você está pronto para a segunda obsessão: construir uma plataforma digitalizada para realçar a performance dos negócios. Na realidade, você já começou a jornada para a digitalização da plataforma, que será descrita no próximo capítulo.

4

Construindo Uma Plataforma Digitalizada

A maioria de nós se lembra da jornada da adolescência à vida adulta como um misto de dor e ansiedade, com grandes triunfos e bons tempos que nos mantiveram seguindo em frente. A construção de uma plataforma digitalizada é uma jornada similar – talvez com um pouco mais de disposição do que o adolescente médio em receber conselhos daqueles que fizeram a jornada anteriormente. Só que desta vez estamos levando conosco centenas, milhares de colegas em uma jornada em direção a processos de negócios disciplinados, de classe mundial, de ponta a ponta (*end-to-end*). Referimo-nos a essa aventura como sua jornada para tornar-se uma empresa com conhecimento em TI.

A construção de uma plataforma digitalizada é a segunda obsessão de empresas com conhecimento em TI. É uma jornada que leva a maiores retornos por dólar investido em TI. Você irá adquirir muito aprendizado ao longo do caminho para uma plataforma digitalizada. Este capítulo descreve esse aprendizado e os estágios diferentes de desenvolvimento. O próximo capítulo falará sobre a governança de TI que você precisa para institucionalizar o aprendizado necessário.

JORNADA DA SWISS RE PARA TORNAR-SE UMA EMPRESA COM CONHECIMENTO EM TI

As empresas compartilham muitas experiências comuns à medida que avançam para aumentar seu conhecimento em TI. A Swiss Re é um bom exemplo.[1]

A Swiss Re foi fundada em 1863. Assim como muitas outras empresas globais, ela cresceu mediante o estabelecimento de negócios regionais para satisfazer as necessidades de sua classe distribuída de clientes, mas essa abordagem regional significava que cada região elaboraria seus próprios processos e suporte de seus próprios sistemas. No final dos anos 1970, quando a Swiss Re queria administrar o risco e o relacionamento com os clientes globalmente, o legado de sistemas e processos locais provou ser um enorme obstáculo.

A Swiss Re tratou disso construindo uma plataforma digitalizada que consistia de três camadas: (1) tecnologias de infraestrutura, (2) processos de negócios e aplicativos centrais e (3) dados integrados por toda a empresa. A Swiss Re construiu essas camadas uma de cada vez.

A jornada começou em meados dos anos 1990. Primeiro, o CIO Yury Zaytsev iniciou atividades para construir uma infraestrutura compartilhada de TI e centros de dados consolidados e realçar a governança de TI. O resultado dessas atividades foram custos mais baixos de TI e aumento no profissionalismo na unidade de TI.

Por volta do ano 2000, Zaytsev havia começado a trabalhar com líderes de negócios para desenvolver sistemas comuns para seus processos. A unidade de TI identificou muita variabilidade entre os grupos de negócios. Por exemplo, a Swiss Re tinha 35 sistemas de gestão de clientes e 25 sistemas de subscrição, o que significava que a empresa possuía, no mínimo, 35 processos diferentes de gestão de clientes e 25 processos diferentes de subscrição. Eventualmente, os líderes de negócios assumiram a responsabilidade em definir os processos globais. Esses líderes trabalharam com a TI para implementar sistemas globais e estabelecer processos comuns.

Em 2005, a empresa havia implementado sistemas comuns para aproximadamente 20 processos, e o foco da Swiss Re mudou para a integração de dados. A atividade de integração de dados possibilitou o processamento direto de conjuntos de processos digitalizados. Sylvia Steinmann, CIO do grupo de serviços financeiros da Swiss Re, explicou o impacto: "Hoje, na gestão de ativos, temos este processamento completamente direto. Do sistema de gestão de pedidos, temos um processo direto para acordos das negociações. Uma vez que eles tenham sido acordados, temos um processamento direto para os pagamentos de dividendos e os pagamentos de juros. Há bem pouca intervenção humana".

A produção desse tipo de processo direto e globalmente comum foi uma longa, por vezes árdua, jornada. Frequentemente, os profissionais na Swiss Re descobriam que os novos sistemas globais eram mais difíceis de usar do que os antigos, os quais eles conheciam muito bem. Em alguns casos, levou quase dois anos para que os indivíduos parassem de se arrepender pelo que haviam perdido e aprendessem como maximizar o valor aumentado das informações com os novos sistemas. Mas os benefícios facilmente reprimiram as preocupações daqueles que tinham alguma dúvida. Christoph Menn, chefe de desenvolvimento e estratégia de produtos, descreve a reação assim: "Imediatamente após a introdução de ferramentas e sistemas globais, algumas pessoas acharam que este agora tinha menos... flexibilidade. Entretanto, as novas ferramentas de precificação lhes proporcionaram ferramentas analíticas melhores e mais consistentes para avaliar os negócios e, com o tempo, esse segundo aspecto se dissipou".

Existem vários desafios para aprender a extrair benefícios de uma plataforma digitalizada potente e consistentemente estendê-la, mas o retorno é substancial. Apesar dos tempos econômicos difíceis, a Swiss Re conseguiu usar sua plataforma digitalizada para introduzir inovações nos produtos e novas parcerias. Enquanto a Swiss Re e outras empresas de serviços financeiros lutam para se recuperarem da crise financeira de 2008, uma plataforma digitalizada de classe mundial reduzirá os custos e fornecerá informações críticas para a tomada de decisões.[2]

A JORNADA TEM QUATRO ESTÁGIOS

Resumimos as experiências de TI de muitas empresas como uma jornada com quatro estágios (Figura 4-1),[3] que são:

1. *Localização:* as empresas rapidamente desenvolvem novos sistemas à medida que elas respondem às demandas de clientes e buscam estabelecer suas propostas de valor singular.

2. *Padronização:* as empresas recuam as despesas de respostas extremamente velozes e procuram eficácias na TI por meio de padronização da tecnologia e infraestrutura compartilhada.

3. *Otimização:* as empresas implementam processos corporativos disciplinados e dados compartilhados, como prescrito pelos seus modelos operacionais.
4. *Reutilização:* as empresas começam a pensar em seus processos de negócios como componentes reutilizáveis que elas podem customizar para novas oportunidades de negócios, porém relacionadas.

Esses quatro estágios representam o aprendizado organizacional que permite que empresas grandes e complexas alcancem simplificação e agilidade. Os estágios também mostram o caminho que empresas novas e com crescimento rápido enfrentam à medida que elas se acomodam em modelos de negócios definidos. Há boas e más notícias inerentes a esses estágios.

FIGURA 4-1

A jornada da empresa com conhecimento em TI

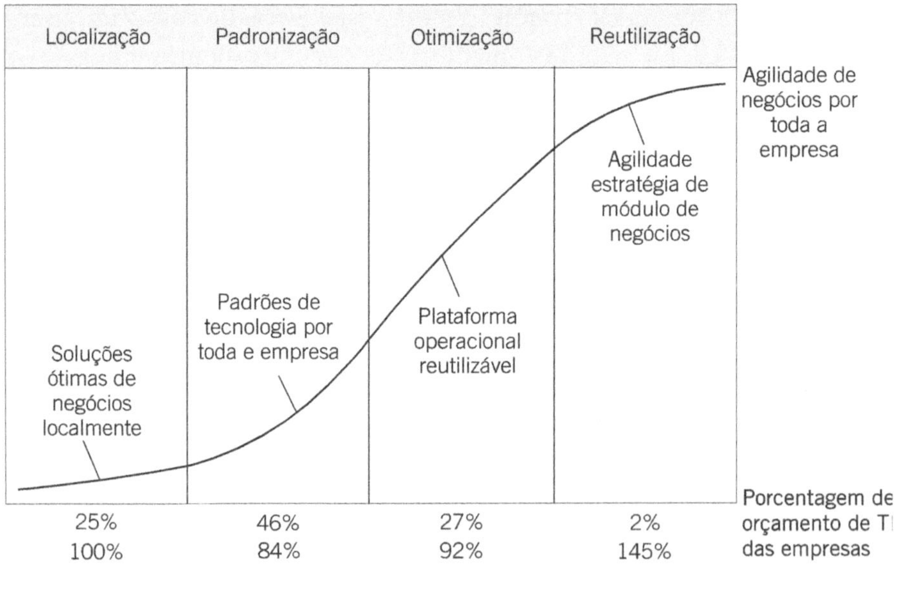

Fonte: Baseada em uma figura do livro *Entreprise Archtecture as Strategy: Creating a Foundation for Business Execution* (Boston: Harvard Business School Press, 2006) de J. Ross, P.Weill eD. Robertson. Os dados na base são de um estudo do CISR do MIT de 2007 com 1.508 empresas (53% dos Estados Unidos).

Primeiro, as más notícias: especialmente em empresas grandes e mais antigas, cada estágio poderá durar um longo período de tempo. Seguimos algumas empresas que trabalharam no segundo estágio por muitos anos. E está claro para nós, que assistimos a essas empresas tentarem e falharem, que *você não pode pular um estágio* – pelo menos não sem pagar um preço alto.

A boa notícia é que as empresas que entendem seu caminho para uma plataforma digitalizada conseguem, imediatamente, obter valor aumentado pelas suas iniciativas de negócios possibilitados pela TI. Esses benefícios aumentarão todos os dias. E, pelo fato de a maioria das empresas ainda estar lutando com os sofrimentos dos estágios anteriores, você tem tempo de fazê-lo corretamente.

Assim sendo, você quer ter certeza de ter entendido a natureza do estágio em que se encontra, como você consegue extrair benefícios desse estágio e como deveria posicionar-se para se movimentar mais agressivamente para o próximo estágio.

Estágio 1: Localização

O primeiro estágio descreve a abordagem dinâmica e inovadora de uma empresa ou unidade de negócios nova. A prioridade da empresa é o crescimento rápido em uma indústria nova ou expansão para novos mercados. O nicho da empresa, que a distingue dos concorrentes, está emergindo, portanto, ela está experimentando, procurando uma proposta de valor sustentável. Assim sendo, o sistema de longo prazo e os requisitos de processos não estão claros. Este estágio leva a uma tendência constante de novos sistemas que endereçam novas oportunidades. Este estágio também descreve os sistemas localizados desenvolvidos em grandes organizações, nos quais as unidades de negócios individuais desenvolvem o que elas precisam.

Benefícios do Estágio 1: neste estágio, as empresas geram enorme valor comercial. Por exemplo, os bancos de investimento estavam há muito tempo confortáveis no estágio 1, porque a ênfase das atividades de seus sistemas era desenvolver novos produtos. Eles não se preocupavam com a integração dos processos por toda a empresa. Eventualmente, o foco nos produtos limita a habilidade de atender às necessidades de um cliente entre os produtos, mas um banco de investimento no estágio 1 consegue gerar grandes lucros com a introdução rápida de novos instrumentos financeiros.

Similarmente, empresas em novas indústrias geralmente pertencem ao estágio 1, porque elas precisam testar suas propostas de valor. Quando a indústria de logística estava engatinhando no início dos anos 1990, novas empresas desenvolveram serviços baseados na TI para dar suporte aos seus primeiros clientes. Pelo fato de não terem entendido completamente como elas ganhariam dinheiro, as empresas de logística focaram em responder às necessidades singulares de todos os novos clientes. Elas não focaram – na realidade, não podiam – na implementação de processos e sistemas disciplinados.

Enquanto algumas empresas (ou partes de empresas) estão no estágio 1 de sua jornada para se tornarem uma empresa com conhecimento em TI porque é apropriado para elas, muitas outras estão no estágio 1 porque não reconheceram que tal estágio segue seu curso e, eventualmente, faz da TI um passivo estratégico. Soluções isoladas e redundantes criam um legado de sistemas que não conseguem conversar entre si. O emaranhado descrito na Figura 1-1 é uma ótima representação de empresas típicas no estágio 1 do ambiente de sistemas. As respostas rápidas às novas oportunidades levam a um legado que limita as reações posteriores.

Muitos profissionais de TI são bastante adeptos em fazer com que sistemas diversos pareçam integrados, mas o código necessário para unir os aplicativos torna-se cada vez mais complexo. Com o passar do tempo, os sistemas têm tantas ligações a outros sistemas que mesmo as pequenas mudanças levam tempo, são caras e arriscadas. Nesse meio tempo, os indivíduos nas empresas encontram uma variedade de meios para trabalhar ao redor dos sistemas para poderem satisfazer as necessidades dos clientes. Logo, começa faltar consistência nos processos de negócios e as lacunas na performance tornam-se habituais.

Transição do estágio 1 para o estágio 2: aproximadamente 25% das empresas que estudamos estão no estágio de localização.[4] A maioria, eventualmente, seguirá em frente – ou estarão se arriscando a ser superadas pelos concorrentes. Custo é geralmente o estímulo que impulsiona as empresas a seguirem em frente. Indústrias mais tradicionalmente rentáveis, como a de bancos de investimentos e a farmacêutica, têm sido mais lentas em abandonar o estágio de localização, mas agora estão começando a se mexer. Novas indústrias continuarão juntando-se às suas categorias.

A transição do estágio 1 para o estágio 2 é muitas vezes iniciada pelo CEO ou pelo CFO. O CEO, ou CFO, acorda um dia sabendo que a empresa está gastando muito com TI. Como ele sabe, não está claro. Para alguns líderes, é por instinto – bons instintos administrativos. Para outros, é o *benchmarking* formal de TI ou comparações informais com colegas em outras empresas. Alguns prestam atenção aos aumentos nos orçamentos de TI. Outros, ficam alarmados com o número crescente de quebras em serviço causadas pela complexidade do ambiente de sistemas.

Nesse ponto, a gerência reconhece alguns dos sinais de um modelo de financiamento ultrapassado ou falta de modelo operacional, como descrito nos últimos dois capítulos. A ação a ser seguida é bastante previsível: o CIO (geralmente um CIO recém-nomeado) recebe a ordem para consertar a TI e reduzir os custos em 15% (ou escolha seu próprio número). Se a empresa aprendeu como administrar a mudança possibilitada pela TI, a transição para o estágio 2 resultará em benefícios imediatos. Aqui estão alguns sinais de que a empresa aprendeu as lições importantes do estágio 1 e está pronta para extrair os benefícios dos estágios posteriores:

- Sistemas individuais prometem um ROI positivo, e os gerentes de negócios cumprem essa promessa... mas ninguém está avaliando os impactos da TI na corporação como um todo.
- A empresa tem muitos sistemas bons... mas é necessária uma porcentagem maior dos gastos com TI, todos os anos, para manter esses sistemas.
- O CIO ou o diretor de TI trabalha com as unidades de negócios, linhas de produtos ou líderes funcionais para satisfazer suas necessidades... mas a entrega é muito lenta.
- A alta gerência confia na habilidade do CIO em liderar... *e* está pronta para dar suporte às suas iniciativas.

Estágio 2: Padronização

Em seguida ao estágio inicial de crescimento, as empresas procuram evitar a concorrência. A disciplina e o corte nos custos tornam-se prioridades. No estágio 2, a unidade de TI introduz os padrões de TI para limitar os custos e os riscos, e a alta gerência se compromete com uma infraestrutura compartilhada. A infraestrutura compartilhada introduz economias de escala e oportunidades para integrar os sistemas. As empresas de padronização que estudamos estavam gastando aproximadamente 84% a mais do que as empresas de localização gastavam em TI. Quarenta e seis por cento das empresas estavam no estágio de padronização.

Benefícios do estágio 2: o benefício mais aparente do segundo estágio é a economia de custos com TI. Como no primeiro estágio, o papel da TI é automatizar os processos de negócios locais. No entanto, a gerência de TI expande seu foco de preocupações sobre a funcionalidade dos aplicativos individuais para incluir a eficácia em termos de custos e confiabilidade do portfólio de TI da empresa. A gerência examina o portfólio para determinar o peso relativo de gastos com as iniciativas de sustentação ante as novas iniciativas.

As economias de custo no estágio 2 resultam de atividades para padronizar e consolidar as tecnologias, algumas vezes após uma fusão. Rebecca Rhoads, CIO global da Raytheon, descreveu as atividades para padronização na Raytheon após a fusão de cinco empresas: "Fomos de 150 sistemas de folha de pagamento para um, 28 sistemas de *e-mail* para um; apenas montanhas enormes que precisavam ser removidas. Reduzimos os gastos com TI em mais de 40%. Era isso que precisávamos fazer nos primeiros três a quatro anos".[5]

Pelo fato de a padronização da tecnologia reduzir o número de tecnologias que a unidade de TI precisa para dar suporte, o estágio 2 leva a riscos mais baixos de TI. Enquanto isso, o compartilhamento de serviços de infraestrutura das unidades de negócios abaixa os custos de serviços de TI como suporte, manutenção e compra. A padronização da tecnologia também realça a segurança da TI e acelera o tempo de desenvolvimento da TI. E pelo fato de a padronização da tecnologia exigir processos de TI de classe mundial, o estágio 2 realça o profissionalismo do pessoal de TI. Essas pessoas estão na posição de agregar valor de negócios maior, porque o ambiente mais padronizado reduz o tempo que é gasto lidando com os pequenos problemas de tecnologia.

A migração para um ambiente padronizado de tecnologia fundamentalmente altera a abordagem da empresa à entrega de sistemas. Em vez de definir uma solução e procurar a tecnologia que melhor produza essa solução, as empresas neste estágio negociam a melhor solução disponível que satisfaça os seus padrões. Em empresas bem administradas, que estão no estágio 2, há também um processo de exceção que certifica que a empresa reconhece quando os padrões estão ultrapassados ou são incapazes de satisfazer as necessidades importantes e estratégicas.

A tecnologia de padronização, no entanto, não supera o problema do estágio 1 de redundância de dados e inacessibilidade. Assim sendo, embora a tecnologia de padronização realce a eficácia da TI, ela não a torna um ativo estratégico.

Transição do estágio 2 para o estágio 3: as empresas que completam o segundo estágio da jornada para se tornar uma empresa com conhecimento em TI alcançam significantes economias de custos e confiabilidade. O ambiente de sistemas resultante é mais simples e fácil de manter. Assim sendo, eles reduzem a proporção de financiamento de TI alocado à sustentação dos sistemas existentes. Veja como uma empresa realizou os benefícios do estágio 2 e está pronta para o estágio 3:

- Um conjunto padrão de serviços da infraestrutura de tecnologia satisfaz as necessidades da empresa, com apenas algumas exceções.
- A gerência introduziu os mecanismos de financiamento para construir e dar suporte à infraestrutura compartilhada.
- Os custos por unidade de TI (por exemplo, custo por *laptop*, *e-mail*, armazenamento ou resposta do *helpdesk*) estão em constante declínio, e os gastos com a TI, como porcentagem das receitas, são baixos de acordo com os padrões da indústria.
- Os altos gerentes apoiam as restrições – e entendem os benefícios – da padronização da tecnologia.
- A empresa introduziu um processo de exceção produtivo para certificar-se de que os padrões não atrapalharão o sucesso dos negócios.
- Porém... as operações de negócios da empresa não são de classe mundial.

Estágio 3: Otimização

No terceiro estágio, as empresas procuram reduzir os custos operacionais dos negócios e garantir serviços de alta qualidade aos clientes. Dependendo da sua escolha de modelo operacional, as empresas variam em quanto elas enfatizam os processos padronizados ou fluxos de dados integrados. Entretanto, independentemente do modelo operacional, a alta gerência precisa focar primeiramente nas alterações nos processos de negócios. As alterações nos sistemas simplesmente dão suporte àquelas que serão alterações significativas – e culturais – nos processos de negócios.

Vinte e sete por cento das empresas encontram-se no estágio 3. Em algum momento durante este estágio, elas descobrem que os gastos com TI começam a crescer novamente à medida que elas introduzem grandes sistemas novos e tornam-se mais dependentes da TI. As empresas no estágio 3 têm, na média, orçamentos operacionais de TI aproximadamente 10% mais altos do que as empresas no estágio 2, embora ainda estejam abaixo das empresas no estágio 1.

Benefícios do estágio 3: a essência do estágio de otimização é digitalizar as operações básicas de negócios. Algumas empresas implementam grandes pacotes, como os sistemas de planejamento de recursos SAP ou Oracle. Outras contam com os principais sistemas de relacionamento com os clientes. Outras ainda adotam plataformas comerciais on-line, como Salesforce.com. Empresas com capacidades sofisticadas de TI constroem suas próprias plataformas. A Southwest Airlines, por exemplo, está construindo seu sistema de reservas. E a Swiss Re construiu as capacidades de processos e acesso aos dados que compõem sua plataforma.

O software é apenas uma parte da plataforma digitalizada de processos. Uma parte mais difícil é a implementação de processos corporativos. O objetivo são os processos de negócios previsíveis de classe mundial. A obtenção de processos básicos de negócios não é uma questão superficial, mas sim essencial. Por exemplo, um alto executivo disse que sua empresa de bens para consumo sempre havia presumido que sua proposta de valor estava na introdução rápida de novos produtos. Mas os principais clientes da empresa começaram a exigir níveis mais altos de serviço. Inicialmente, a empresa relutou em investir na nova invenção dos sistemas centrais e processos. Quando esse alto executivo ponderou um pouco mais, ele sentiu que a empresa não tinha escolha: "Assim sendo, o que [nossos principais clientes] querem que façamos é fornecer-lhes uma fatura que refletia os itens na paleta que estamos lhes entregando pelo preço que concordamos em cobrar deles". Como observou o vice-presidente dessa empresa, isso realmente não é pedir muito.

É claro que em organizações complexas é um desafio obter os básicos certos – consistentemente. Possivelmente, a façanha notável da Southwest Airlines em manter 35 anos consecutivos de lucros foi resultado da consistência da empresa em obter os básicos certos. Porém, à medida que a empresa tornou-se mais complexa, a gerência reconheceu a necessidade de depender da TI para amparar e aprimorar as operações. Como observou o CEO Gary Kelly, obter os básicos certos de seus processos e sistemas centrais significava que a alta gerência tinha de aceitar alguns princípios fundamentais a respeito da TI: "Todos tivemos de concordar que teríamos de ter uma plataforma, em vez de dez. Precisávamos de uma versão da verdade, não vários bancos de dados repletos de menus, várias cópias de programas, vários disso, vários daquilo".[6]

As empresas bem administradas no estágio 3 conseguem documentar as economias operacionais. Na gigante global Nestlé, por exemplo, um objetivo crítico da gerência de seu projeto de otimização global dos negócios (chamado GLOBE) era reduzir os custos de vendas, gerais e administrativos para aumentar os ganhos antes dos juros e impostos (EBIT). Nos últimos sete anos, quando a Nestlé começou a implementar processos padronizados e integrados, o EBIT aumentou de 12% para 14%. Apenas em 2007, isso significava quase $ 2 bilhões no resultado final. O *chairman* e CEO Peter Brabeck-Letmathe atribuiu a melhoria na performance da Nestlé ao projeto GLOBE da empresa.[7]

Transição do estágio 3 para o estágio 4: o objetivo estratégico do estágio de otimização é a eficácia operacional dos negócios. Invariavelmente, a otimização envolve a redução da autonomia nos processos de negócios para os gerentes médios. Assim sendo, pode ser muito difícil vender essa ideia. Geralmente, novos incentivos são críticos para a adoção, mas o resultado é uma plataforma digitalizada sólida, que proporciona uma fundação estável para as operações de negócios. Aqui estão algumas características que sinalizam se a empresa alcançou os objetivos do estágio 3 e está posicionada para o estágio 4:

- Os custos operacionais dos negócios estão em queda como uma porcentagem das receitas.
- As principais transações da empresa são padronizadas, digitalizadas e adequadamente organizadas para o modelo operacional da empresa.
- Cada processo principal de negócios tem um alto executivo responsável pela melhoria contínua e resultados de performance.
- O atendimento ao cliente é de classe mundial e previsível.
- Os gastos com TI estão aumentando como uma porcentagem do orçamento de despesas totais, mas os custos com TI estão estáveis e em queda.
- A gerência estabelece prioridades nos projetos com base nos requisitos corporativos estratégicos, em vez de estimativas isoladas do ROI.

- Porém... o foco na padronização e na integração deixou pouco espaço para a gerência inovar.

Estágio 4: Reutilização

No quarto estágio, a gerência canaliza o potencial da plataforma digitalizada de processos da empresa ao habilitar os funcionários para que sejam inovadores. Os gerentes desenvolvem módulos que influenciam a plataforma. Tais módulos permitem a customização local às plataformas de empresas voltadas para os processos e possibilita a expansão da linha de produtos para as empresas voltadas para as informações, como as empresas financeiras e de serviços de TI.

Os benefícios do estágio 4: apenas 2% das empresas que estudamos chegaram ao estágio 4; portanto, estamos apenas começando a entender todas as oportunidades disponíveis para as empresas bem administradas com uma sólida plataforma digitalizada de processos. No entanto, algumas das primeiras iniciativas começaram a demonstrar os benefícios potenciais da reutilização da plataforma. Os pioneiros no estágio 4 gastam generosa e confiantemente, com média de orçamentos de TI 45% mais altos do que as empresas no estágio 1.[8]

eBay, o mercado on-line de $ 8 bilhões, tem uma plataforma digitalizada reutilizável (e bastante reutilizada) para leilões on-line. Esta plataforma inclui processos digitalizados finamente sintonizados para listar um item para leilão, administrar os lances e os pagamentos e coletar e compartilhar informações sobre a reputação dos participantes. A plataforma de leilões on-line do eBay é uma plataforma no estágio 4, que oferece oportunidades constantes para inovação.[9] O ex-CIO Brad Peterson explica: "A plataforma comum era a inovação que permitiu que o eBay decolasse, esta era a habilidade de negociação entre as pessoas ao redor do mundo, em vários idiomas, além das fronteiras... Ela é uma plataforma à qual estamos constantemente adicionando".

O eBay regularmente alavanca sua plataforma com inovações incrementais – por exemplo, ele criou um sistema de notificações que alerta os apostadores se seus lances foram ultrapassados. Outra inovação inclui um dispositivo automatizado de lances que responde aos lances competitivos dentro de limites preestabelecidos. O apostador pode, então, sair do site do eBay, e o dispositivo automatizado assume. A plataforma central dá suporte aos leilões on-line em 25 países – mas não em todos – em que o eBay opera.

Internacionalmente, o eBay é mais como uma empresa no estágio 1, à medida que ele rapidamente adiciona novos locais geográficos e produtos que são caseiros e adquiridos. Em uma data futura, o eBay poderá escolher um modelo operacional mais unificado para toda a empresa e construir uma plataforma digitalizada para toda a empresa toda para dar suporte a este. Esta combinação de uma plataforma de leilões no estágio 4 nos Estados Unidos e plataformas no estágio 1 internacionalmente ajudou o eBay a tornar-se uma das empresas com crescimento mais rápido e mais valorizada nos seus primeiros dez anos de operação.

As empresas no estágio 4 também conseguem alavancar suas plataformas digitalizadas quando adquirem novas empresas. Empresas como a Cisco conseguem irromper e substituir grande parte da infraestrutura central, dos processos e dos sistemas nas empresas que adquirem.[10] Elas conseguem instalar sua própria plataforma. Por último, como a Amazon, algumas empresas prosperaram com a venda de suas plataformas para que pudessem gerar receitas com a reutilização por outras empresas. O Amazon Web Services proporciona aos clientes dos desenvolvedores da Amazon acesso aos serviços de infraestrutura fornecidos centralmente, com base na própria plataforma de tecnologia da Amazon. Os serviços incluem Amazon Elastic Compute Cloud (Nuvem Elástica de Computação), Amazon Simple Storage Service (Serviço de Armazenamento Simples) e Amazon Flexible Payment Service (Serviço de Pagamento Flexível).[11]

Estabelecendo-se no estágio 4: para se beneficiar da reutilização de suas plataformas digitalizadas, as empresas precisam aprender a identificar rapidamente as oportunidades que alavancam sua plataforma. A alta gerência garante que essas inovações realcem a performance da empresa ao proporcionar uma visão clara e modelo operacional. Essa visão estabelece os objetivos de performance, para direcionar as inovações locais, quanto aos objetivos estratégicos, para direcionar a natureza das oportunidades que a empresa busca. Você saberá que chegou ao estágio 4 quando observar as características seguintes sobre os processos de negócios e TI da sua empresa:

- Os gerentes locais compram e constroem módulos de negócios inovadores que usam a plataforma digitalizada existente da empresa.
- Os tomadores de decisões autorizados alavancam o poder de dados transparentes para endereçar as necessidades diárias dos clientes, no contexto dos objetivos de performance para a empresa toda.

- Os gastos com TI aumentam, mas incluem alguns processos de negócios terceirizados.
- Os custos por unidade de TI são baixos em comparação a outras empresas.
- A plataforma digitalizada de processos facilita o fluxo transparente de dados com os parceiros externos nos negócios.
- Os altos gerentes com conhecimento em TI planejam a governança da empresa para encorajar tanto a inovação local quanto o realce da plataforma por toda a empresa.

A JORNADA MÚLTIPLA DE EMPRESAS COMPLEXAS

No capítulo 2 observamos que empresas grandes e complexas têm modelos operacionais em vários níveis. Essas empresas precisam construir plataformas para cada um de seus modelos operacionais. Assim sendo, elas embarcam em jornadas múltiplas. Não é raro que partes diferentes de uma empresa se encontrem em estágios diferentes da jornada para tornar-se uma empresa com conhecimento em TI.

Por exemplo, os negócios da PepsiAmericas, uma empresa de engarrafamento que nos Estados Unidos desenvolveu uma plataforma no estágio 3. Essa plataforma aumentou o preço da PepsiAmericas para seus maiores clientes. Porém, nos últimos anos, a empresa se expandiu para a Europa Oriental para aproveitar as grandes oportunidades de crescimento naquele mercado. A PepsiAmericas está lentamente instituindo sistemas e processos disciplinados de seus negócios nos Estados Unidos em seus negócios, em franco crescimento, na Europa Oriental. A gerência não quer que seus processos estáveis nos Estados Unidos atrapalhem o desenvolvimento de processos novos e diferentes que podem definir um mercado emergente.[12]

Por não ter, prematuramente, forçado esses processos no mercado com crescimento menos maturo, a PepsiAmericas conseguiu rapidamente experimentar novos modelos de negócios na Europa Oriental, aproveitando-se da agilidade que tem por este ser pequeno e novo. Os negócios nos Estados Unidos, por serem mais estabelecidos e consideravelmente maiores, alcançam mais de sua agilidade com a reutilização de processos disciplinados. Isso não significa que a PepsiAmericas não possa alavancar seu aprendizado à medida que se expande. A gerência já está identificando oportunidades para reutilizar sua abordagem na construção e uso de dados centralizados para realçar as tomadas de decisões locais.

O processo de crescimento por meio de aquisições desafia o progresso de uma empresa em sua jornada. As novas aquisições, invariavelmente, introduzem novas variabilidades na plataforma de tecnologia da empresa, assim como novos processos e sistemas. Se a empresa tem a intenção de operar com um modelo operacional de diversificação, a aquisição tem menos impacto na plataforma digitalizada da empresa – e vice-versa.

Outros modelos operacionais, no entanto, exigem atividades de padronização e integração, as quais podem protelar o progresso na jornada para tornar-se uma empresa com conhecimento em TI. Empresas com conhecimento em TI, como a Cisco e a CEMEX, aproveitam suas plataformas estabelecidas para irromper as tecnologias, sistemas e processos da empresa adquirida e implementam a plataforma da empresa controladora. Mesmo com uma plataforma sólida, a integração é uma atividade maior, mas a plataforma é um ativo valioso que acelera a realização de sinergias após a fusão.

LIDERANDO A MUDANÇA

Os quatro estágios são um lembrete de que o desenvolvimento de uma plataforma digitalizada é uma jornada. Ao longo dessa jornada, as empresas aprendem como reconsiderar suas estratégias para uma economia digital, como investir em TI para desenvolver capacidades digitais, como projetar e implementar processos disciplinados de transações e como inovar para alavancar suas capacidades distintas.

A jornada para se tornar uma empresa com conhecimento em TI exige líderes extraordinários – líderes que consigam prever as estratégias operacionais para uma economia digital e, em seguida, canalizar as energias organizacionais para alcançá-las. A Figura 4-2 realça os "sentimentos" dessa jornada. Do ponto de vista da corporação, a jornada para se tornar uma empresa com conhecimento em TI leva à agilidade global crescente. Entretanto, do ponto de vista do gerente local, a jornada parece ser descendente. No primeiro estágio, os gerentes locais definem os requisitos do sistema, entregam o dinheiro para comprar o que eles querem e geralmente conseguem o que eles pediram. Essa autonomia local diminui à medida que a empresa identifica as sinergias corporativas.

No terceiro estágio, os gerentes locais sentem-se como se suas mãos estivessem atadas quando novos sistemas e processos globais são introduzidos – especialmente se a empresa implementar um grande sistema de pacote adquirido. Por último, no quarto estágio, à medida que aprendem a alavancar as capacidades globais, os gerentes locais começam a reconhecer os benefícios de *não* terem de se preocupar com o projeto de processos de negócios comuns e dados.

Um dos grandes desafios de liderança é chegar ao ponto de aceitação e implantação da disciplina necessária para desenvolver e alavancar uma plataforma digitalizada. Se a empresa terá sucesso no desenvolvimento de uma plataforma digitalizada, ou se terá algum benefício com esta, depende, até certo ponto, de quão bem os líderes guiam suas empresas pelo o que, muitas vezes, envolve uma revolução cultural e política. Tudo o que você aprendeu sobre liderança será importante para realizar essa façanha, mas uma ferramenta de liderança será especialmente importante para o sucesso da sua jornada para tornar sua empresa uma organização com conhecimento em TI – governança de TI. Este é o tema do próximo capítulo.

FIGURA 4-2

Pontos de vista globais e locais da jornada para se tornar uma empresa com conhecimento em TI

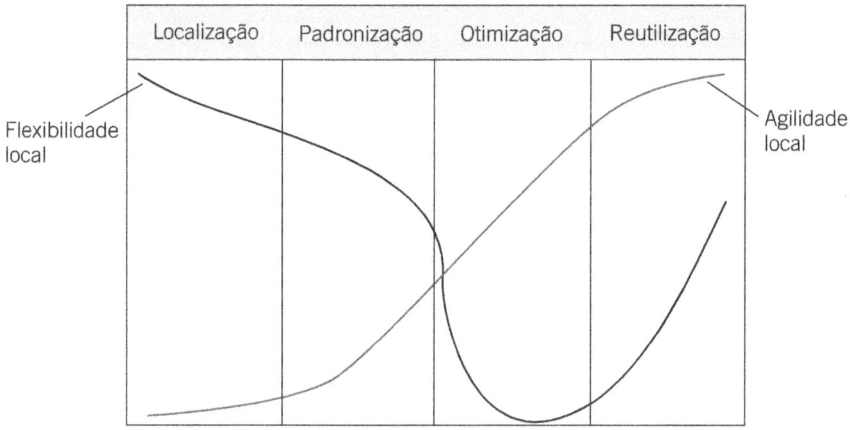

Fonte: J. Ross, P.Weill e D. Robertson, *Entreprise Archtecture as Strategy: Creating a Foundation for Business Execution* (Boston: Harvard Business School Press, 2006).

5

Alocando Direitos e Responsabilidades Decisórios

Por volta do ano 2000, quando a UPS agressivamente entrava na Europa Oriental, o chefe regional da UPS propôs equipar os motoristas e armazéns com tecnologia diferente dos dispositivos manuais-padrão da UPS. Ele demonstraria que na Europa Oriental abordagens não padronizadas custariam menos e seriam mais adequadas para satisfazer as necessidades de um mercado menos maduro. Naquela época, como agora, a UPS tinha um processo de tomada de decisões sobre TI que revia as exceções a esses tipos de padrões. Neste caso, a decisão foi passada para a alta gerência, que insistia em que a Europa Oriental adotasse processos de negócios e tecnologia da UPS dos Estados Unidos. Assim sendo, o CEO da UPS, Mike Eskew, explicou: "Somos uma rede e não podemos ter alguns armazéns lidando com este sistema e outros com aquele sistema... [Quando você permite diferenças] não consegue transferir pessoas e não consegue transferir informações".[1]

A UPS estava desenvolvendo uma plataforma digitalizada que proporcionaria visibilidade global aos dados e processos centrais padronizados para satisfazer as necessidades de seu modelo operacional de unificação. A gerência estava determinada a expandir essa plataforma e gerar benefícios. Em razão do compromisso da gerência com a plataforma digitalizada, todas as vezes que a UPS altera a funcionalidade de seus aparelhos ou os sistemas com os quais o aparelho interage, a gerência sabe que todas as peças da rede são compatíveis. A UPS alcançou essa previsibilidade desejada porque a gerência implementou práticas na tomada de decisões para desenvolver, proteger e alavancar sua plataforma digitalizada.

Nem todas as empresas precisam de tanta integração e padronização quanto o negócio de entrega de remessas da UPS. Porém, todas as empresas, até certo nível, precisam de uma plataforma digitalizada para operar eficazmente. A única maneira de produzir uma plataforma digitalizada – e valor de negócios superior da TI – é planejar os direitos e deveres decisórios sobre a TI para que as decisões diárias sobre esta apoiem as metas estratégicas da empresa. Caso contrário, a TI está destinada a tornar-se um obstáculo ao sucesso em longo prazo.

Referimo-nos à estrutura de uma empresa sobre os direitos e deveres decisórios de TI como *governança de TI.* Para algumas pessoas, o termo governança evoca visões de burocracia ou reuniões infinitas de comitês. Vemos o oposto. Governança dá poderes às pessoas ao proporcionar transparência sobre os processos de tomada de decisões e critérios. A governança eficaz de TI minimiza a burocracia e as políticas disfuncionais – e vale a pena. As empresas com eficácia acima da média na governança de TI tinham lucros 20% maiores, medidos pelo retorno sobre os ativos (ROA) de três anos ajustado para a indústria.[2]

AS CINCO PRINCIPAIS DECISÕES

Para governarem a TI eficazmente, as empresas precisam alocar os direitos e deveres decisórios para pelo menos cinco decisões:

- *Princípios da TI:* como explicado no capítulo 2, o uso estratégico da TI requer que a gerência especifique o modelo operacional da empresa. *Princípios da TI* referem-se ao modelo operacional da empresa e quaisquer outras diretrizes que esclareçam o papel da TI na empresa. A governança deve alocar os direitos decisórios para determinar os princípios da TI – geralmente para um ou mais membros da equipe alta administração.

- *Arquitetura da corporação:* refere-se ao projeto da plataforma digitalizada da empresa. A governança deve especificar as pessoas responsáveis pelo estabelecimento dos processos de negócios, dados e padrões de tecnologia, e para lidar com as solicitações de exceções para esses padrões.
- *Infraestrutura da TI:* é o conjunto de serviços compartilhados da TI, disponível para todas as partes da corporação. A governança deve alocar a responsabilidade pela definição, provisão e precificação dos serviços compartilhados de TI.
- *Necessidades comerciais e entrega de projetos:* novos sistemas e processos emergem do esforço organizacional extenso, o qual começa com um plano de negócios para um novo sistema e termina, idealmente, com a revisão dos resultados da sua implementação. A governança aloca propriedades para definir o plano de negócios, garantindo a implementação bem-sucedida e a entrega dos benefícios.
- *Investimento em TI e priorização:* no capítulo 3, discutimos a fundo o financiamento da TI e o processo de priorização. Embora crítico, o investimento em TI e a priorização são apenas uma das cinco decisões sobre TI que precisam ser governadas. Discutimos, aqui, como ela se encaixa com as outras quatro decisões de governança.

As empresas implementam a governança por meio de um conjunto de mecanismos: papéis individuais (por exemplo, CEO ou CIO), comitês ou equipes (por exemplo, comissão de coordenação de TI ou equipe de liderança de TI) e processos formalizados (por exemplo, processos de exceção da arquitetura ou processos de revisão dos planos de negócios). Os mecanismos de governança de uma empresa esclarecem como cada uma das cinco decisões será tomada e quem será responsabilizado. A Southwest Airlines oferece um exemplo de como uma empresa com conhecimento em TI projeta a governança de TI para cumprir os objetivos estratégicos de negócios.

GOVERNANÇA DE TI NA SOUTHWEST AIRLINES

A Southwest Airlines é uma empresa aérea de $ 9,5 bilhões que oferece primariamente voos curtos, de ponto a ponto e tarifas baixas. Fundada em 1971, a Southwest desenvolveu sistemas ótimos localmente até o final dos anos 1990, quando o CFO Gary Kelly começou a pressionar pelo uso da TI para realçar as eficiências operacionais e o atendimento aos clientes. Quando Kelly se tornou CEO, em 2004, ele trabalhou com o CIO Tom Nealon, para estabelecer uma plataforma de processos digitalizados para a corporação.

Embora os líderes de negócios concordassem que os sistemas e processos da corporação seriam valiosos, eles se esforçavam para defini-los. Para dar suporte ao pensamento corporativo, a Southwest criou sete equipes de estratégias. Essas equipes de estratégias, com nomes como Transportadora de Baixo Custo, o Melhor Local para Trabalhar e a Melhor Experiência dos Clientes, reuniam-se duas vezes por mês para definir as prioridades da corporação para implementar a estratégia. Os 30 principais líderes da empresa acompanhavam uma ou duas equipes de estratégia para informar seus colegas sobre os serviços e necessidades dentro de sua própria área funcional, ao mesmo tempo em que aprendiam sobre as operações de outras áreas funcionais. As equipes propuseram projetos de TI para a corporação, os quais eram revistos pelo comitê executivo da empresa para estabelecer as prioridades dos projetos. Aproximadamente 80% dos projetos de tecnologia da Southwest estavam alinhados com uma das equipes de estratégia.

Para garantir que os projetos individuais produziriam seus objetivos comerciais, a Southwest implementou um processo de *tollgate* (barreira de pedágio). Os *tollgates* são revisões mensais do progresso e objetivos de cada projeto e reúnem o pessoal de TI e não TI que são responsáveis por solucionar quaisquer questões tecnológicas e de negócios que possam atrapalhar a entrega do projeto ou o valor de negócios.

Um dos *tollgates* envolve a revisão da tecnologia que a equipe de projetos propôs usar para dar suporte ao novo sistema. No processo de revisão, um grupo de profissionais de TI, conhecido como o grupo de trabalho da arquitetura, trabalha com desenvolvedores de aplicativos e pessoas de negócios para certificar-se de que as tecnologias propostas estão em conformidade, arquitetuDralmente, ou se o projeto justifica uma exceção aos padrões.

A Tabela 5-1 proporciona um quadro de alto nível da estrutura de responsabilidade da Southwest para as suas cinco decisões de governança. A Southwest especificou uma pessoa, ou um grupo de pessoas, essencialmente responsável por cada decisão, mas o projeto de governança também atribui algumas decisões específicas a outros indivíduos ou equipes dentro da área de decisões. A participação sobreposta de indivíduos que tomam decisões ajuda a coordenar as cinco decisões sobre a TI para proporcionar consistência nas buscas estratégicas da empresa.

O compromisso da gerência em desenvolver uma plataforma digitalizada para dar suporte ao atendimento aos clientes e à eficácia operacional fez da Southwest a maior (em termos de fluxo de passageiros) e a mais rentável empresa aérea dos Estados Unidos. Em outubro de 2008, enquanto muitas empresas aéreas norte-americanas reportavam perdas, a Southwest reportou seu septuagésimo trimestre consecutivo de lucro operacional.

TABELA 5-1

Governança da Southwest Airlines

	Decisão				
Parte responsável	**Princípios de TI**	**Arquitetura da corporação**	**Estratégias de infraestrutura de TI**	**Necessidades comerciais e entrega de projetos**	**Investimento em TI**
CEO	Responsável				
CIO		Responsável pelos padrões de tecnologia	Responsável	Lidera as revisões de *tollgates*	
Comitê executivo[a]					Responsável pelas prioridades da corporação
Equipes de estratégia[b]		Responsável pelos padrões de processos e dados			
Líderes de negócios				Responsável	
Grupo de trabalho da arquitetura[c]		Conduz as revisões de conformidade			

Fonte: Interpretação do pesquisador sobre o plano de governança da Southwest.

a. Inclui o CEO e o CIO
b. Inclui os líderes de negócios
c. Reporta ao CIO

OBJETIVOS DA GOVERNANÇA DE TI

A governança da Southwest preenche dois objetivos críticos de governança de TI: (1) promove o comportamento desejável na administração e uso da TI e (2) formaliza o aprendizado organizacional sobre TI e os processos digitalizados. Quando a governança alcança esses objetivos, as empresas progridem consistentemente em sua jornada para se tornarem empresas com conhecimento em TI e esta se torna um ativo estratégico.

Promover o Comportamento Desejável na Administração e Uso da TI

Temos a tendência de presumir que podemos motivar o comportamento desejável por meio de estruturas organizacionais apropriadas e sistemas de incentivos. Porém, na maioria das empresas, isso não é suficiente. Os objetivos da empresa toda geralmente estão em conflito com os objetivos das subunidades. Os indivíduos nem sempre entendem como seus comportamentos afetam a performance de toda a empresa. Eles focam nos objetivos locais que entendem e conseguem alcançar. Um dos papéis dos mecanismos de TI é encorajar os comportamentos desejáveis que as estruturas organizacionais e os sistemas de incentivos não conseguem encorajar ou não motivam.

Por exemplo, um processo de revisão da arquitetura alinha os projetos individuais com os objetivos da corporação para uma plataforma digitalizada. Assim, os indivíduos não precisam compreender totalmente como suas iniciativas individuais afetam os objetivos da corporação. O processo de governança reconcilia a iniciativa local com os planos de longo prazo da corporação. É claro que a gerência não quer que um grupo de TI force a conformidade com os padrões se uma exceção poderá introduzir mudanças valiosas para a empresa. Assim sendo, os grupos de trabalho da arquitetura, como os da Southwest e da UPS, geralmente estendem aos altos gerentes as poucas decisões sobre exceções que eles acreditam que terão implicações estratégicas em longo prazo.

A governança deve trazer à tona e institucionalizar as tensões naturais. Veja, por exemplo, a pressão que os profissionais de TI sentem para garantir a confiabilidade e segurança do ambiente tecnológico da empresa. Como eles podem minimizar o tempo parado e as quebras na segurança? Limitando o acesso, não se arriscando, evitando mudanças. Os líderes de negócios, por outro lado, sentem-se constantemente pressionados para buscar oportunidades estratégicas e construir eficiências. Como eles fazem isso? Experimentando, exigindo acesso aos dados para eles e para seus clientes, implementando rapidamente novas capacidades do sistema. A meta desses dois grupos é potencialmente, para ambos, adicionar valor, mas eles muitas vezes estão em conflito. Um conjunto de mecanismos de governança, como os comitês de estratégias da alta gerência, metodologias disciplinadas dos projetos e revisões da arquitetura expõem e ajudam a resolver essas tensões importantes para o benefício da corporação.

Formalizar o Aprendizado Organizacional Sobre TI e Processos Digitalizados

A governança deve ajudar as empresas a aprender para que elas parem de cometer os mesmos erros constantemente. O processo de *tollgate* da Southwest engaja os interessados na entrega do sistema e na implementação. Isso não apenas melhora os resultados sobre o projeto atual, mas também lhes proporciona experiências valiosas em reconhecer o que deu certo e o que deu errado na entrega dos projetos. Este aprendizado com a experiência é a essência do que faz uma empresa com conhecimento em TI.

As revisões após a implementação (RAI) suportam o aprendizado organizacional. As RAIs ajudam a gerência a reconhecer quando suas expectativas para os benefícios e custos de um novo sistema são realizadas – e quando essas expectativas são irreais. As RAIs são valiosas quando elas promovem o aprendizado – e elas não são um mecanismo de governança útil quando simplesmente atribuem culpas pelas falhas. Ao envolver os principais interessados durante todo o ciclo de vida de desenvolvimento, implementação e revisão, a metodologia de um projeto, com revisões intermitentes, ajuda a mantê-lo nos trilhos para a entrega em tempo oportuno e benefícios comerciais significantes.

Um processo de revisão da arquitetura também suporta o aprendizado. As revisões da arquitetura ajudam a organização a aprender como usar, eficazmente, as tecnologias-padrão para satisfazer as necessidades de negócios. Tão importante quanto, o processo de revisão identifica quando os padrões estão ultrapassados ou que não são mais adequados para endereçar as necessidades de negócios da empresa.

A governança de TI deve sempre encorajar o comportamento desejado e formalizar o aprendizado organizacional sobre a TI e os processos digitalizados. No entanto, não existe um único plano de governança ótimo. À medida que as empresas passam pelos quatro estágios da jornada para se tornarem empresas com conhecimento em TI, seus objetivos de governança – e consequentemente seu plano de governança – evoluem. Mais especificamente, uma transformação de negócios impõe requisitos singulares para a governança de TI.

GOVERNANÇA DE TI PARA A TRANSFORMAÇÃO DE NEGÓCIOS

O capítulo 4 descreve os quatro estágios da jornada para se tornar uma empresa com conhecimento em TI. Quando uma empresa entra no terceiro estágio, ela tenta construir uma plataforma digitalizada. Os padrões de dados e processos que as empresas implementam neste estágio fundamentalmente transformam suas operações. A transformação de negócios requer uma governança projetada para liderar a mudança e esclarecer os novos processos de negócios e expectativas. A Campbell Soup Company demonstra como uma governança bem elaborada e em nível de projeto direciona uma empresa pela transformação de processos de negócios localmente otimizados ao pensamento corporativo.

Governança na Campbell Soup Company

Fundada em 1869, a Campbell Soup Company, uma empresa de $ 8 bilhões, é um fabricante global de sopas, petiscos, bebidas e chocolates.[3] Em maio de 2004, após um esforço de três anos bem-sucedidos para desenvolver uma infraestrutura sólida de TI, a Campbell embarcou em um projeto de $ 125 milhões e três anos para implementar uma ERP e introduzir processos comuns e dados compartilhados por todas as 22 unidades da Campbel na América do Norte.

Chamado de Projeto Harmony, os esforços de transformação da Campbell focaram na padronização dos três principais processos de negócios pela empresa: *make-to-ship* (do fabricante à remessa), *account-to-report* (da contabilidade ao relatório) e *order-to-cash* (do pedido ao pagamento). Ao padronizar e integrar esses três processos, a Campbell criou uma rede global de fornecimento e reduziu os custos operacionais. A gerência articulava as metas do projeto em termos de custo total à entrega (TDC), o custo total para fazer produtos e entregá-los aos clientes. Os funcionários de toda a empresa eram cobrados por um TDC fixo, o que significava que os custos anuais seriam os mesmos, independentemente da inflação.

A gerência reconhecia dois grandes desafios associados ao projeto de transformação: (1) plano do projeto – a Campbell queria otimizar seus três processos principais ao mesmo tempo em que satisfazia as necessidades individuais das 22 unidades – e (2) adoção do processo – o pessoal da Campbell precisaria aprender novos comportamentos que suportam uma corporação, em vez da visão local de sucesso comercial. Para endereçar esses dois desafios, a gerência criou novas funções e responsabilidades.

No nível mais elevado, quatro altos executivos assumiram a responsabilidade pelos princípios da TI: o CIO, o CFO, o presidente da Campbell América do Norte e o vice-presidente sênior para a rede global de fornecimento. Em suas reuniões quinzenais, esses executivos revisavam o progresso e forneciam recursos para certificar-se de que o Projeto Harmony atingiria suas metas. Todas as solicitações para desvios do padrão tinham de passar por essa equipe, a qual severamente limitava o número de solicitações para exceções. A equipe patrocinadora também identificava os projetos que seriam retardados para manter o foco na implementação do Projeto Harmony.

No próximo nível, um executivo de TI experiente foi nomeado como líder do projeto. Ele chefiava o comitê operacional, o qual incluía um diretor-técnico, um diretor de projetos da IBM, líderes da Campbell para administração da mudança e três altos gerentes experientes, sendo que cada um deles liderava uma das três equipes de processos. O comitê operacional reunia-se quinzenalmente para tomar decisões sobre suas interdependências entre as áreas de processos, assim como para garantir que o programa, no geral, permanecesse nos trilhos.

A equipe de projetos, que consistia de 60 funcionários da Campbell e 70 consultores, também reportava para o líder do projeto. A implementação do sistema era cobrada da equipe do projeto. Três grupos consultivos assessoravam as equipes de processos. Os grupos consultivos eram encabeçados pelos altos executivos.

Por último, as equipes de implantação em cada uma das 22 unidades eram responsáveis pela implementação em tempo oportuno e pela administração da mudança nos locais individuais. Ao reconhecer a magnitude das mudanças e os requisitos onerosos por recursos, as equipes de implantação dividiram em estágios, ou barraram, a maioria das outras iniciativas de mudanças, incluindo *rollouts* de produtos, mudanças nos preços e novas atividades promocionais.

A equipe patrocinadora e o comitê operacional trabalhavam com as equipes de implantação para possibilitar o aprendizado por todas as 22 unidades. À medida que cada local implementava o Projeto Harmony, a equipe de implantação do próximo local estava à disposição para aprender os fatores críticos de sucesso e os obstáculos potenciais. Enquanto isso, a alta gerência enfatizava que a meta de todo gerente não era apenas o sucesso da implementação atual, mas também o sucesso da próxima implementação.

A administração da Campbell elaborou o quadro mostrado na Figura 5-1 para esclarecer os direitos e responsabilidades na tomada de decisões para o Projeto Harmony. Os tomadores de decisões levaram o Projeto Harmony à conclusão no tempo previsto e dentro do orçamento e superaram as expectativas de performance nos negócios. Em 2007, a Campbell gerou retorno para os acionistas de 16,2% em comparação à média de 7,7% em ganhos pelo índice de alimentos embalados da S&P.

O sucesso do Projeto Harmony deveu-se, em parte, à centralização de responsabilidades na equipe executiva composta por quatro pessoas. Esses executivos se cobravam pela articulação dos princípios do projeto, pelo estabelecimento da arquitetura corporativa de alto nível, pela entrega de benefícios do projeto e pela decisão na implementação de prioridades. Mas eles também implementaram mecanismos de governança para coordenar as decisões de todos os envolvidos com o Projeto Harmony. Os esforços de todas as equipes e grupos de trabalho contribuíram para alcançar os objetivos do projeto. Essa coordenação é um desafio especial na governança de TI.

USANDO MECANISMOS PARA UNIR AS PERSPECTIVAS DOS INTERESSADOS

Embora a governança de TI necessariamente atribua as decisões estratégicas aos altos executivos, a governança também deve garantir que as decisões sobre a TI, tomadas no topo da empresa, sejam consistentemente aplicadas pelos tomadores de decisões nos níveis mais baixos da empresa. Seis grupos de interessados tomam decisões que afetam o modo como a TI é administrada e usada. Esses seis grupos, mostrados nos retângulos sombreados na Figura 5-2, são os líderes de TI e de negócios em níveis de empresa, de unidades de negócios e de projeto.

Para ajudá-lo a estabelecer, revisar ou racionalizar sua governança de TI, considere os cinco mecanismos. Esses mecanismos são usados pelas empresas com ótima performance para coordenar as decisões dos seis grupos de interessados. Nossa pesquisa descobriu que as empresas sem esses mecanismos de TI têm performance de governança e de negócios pior.[4]

FIGURA 5-1

Direitos de tomada de decisão do Projeto Harmonia

	Gestão do projeto	Plano e processos básicos / controla as mudanças dentro da área de processo ou fluxo de trabalho	Principais processos / controla as mudanças dentro da área de processos	Processo cruzado / fluxo de trabalho cruzado	Decisões para a implantação	Mudanças na organização e política das unidades de negócios	Mudanças na organização e políticas da empresa	Mudanças no escopo / orçamento
Grupo patrocinador	Notificar		Notificar	**Decidir**[a]	Notificar / **decidir**[b]	Notificar	**Decidir**[c]	**Decidir**[d]
Grupo consultivo do processo	Notificar	Notificar	Decidir	Consultar	Notificar	Notificar	Notificar	Consultar (escopo)
Comitês operacionais	Consultar		Notificar	Notificar	Consultar	Notificar	Consultar	Consultar
Escritório de gestão do programa (PMO)	Identificar / recomendar / **decidir**	Notificar	Consultar	Identificar	Recomendar		Recomendar	Recomendar
Equipe do projeto (equipes de áreas de processos)	Notificar	Identificar / recomendar / **decidir**	Identificar / recomendar	Identificar / recomendar / **decidir**[a]	Identificar	Recomendar	Identificar	Identificar
Equipe de implantação dos negócios	Notificar	Notificar	Notificar		**Decidir**[b]	**Decidir**	Consultar	Notificar

Fonte: Campbell Soup Company

a. Decisões básicas sobre processos cruzados serão resolvidas pelas equipes de processos cruzados como atribuído pelo PMO; as principais decisões sobre processos cruzados com pontos de vista alternados serão resolvidas pelo grupo patrocinador.

b. O grupo patrocinador decide as questões que afetam a abordagem e o programa de implantação geral; cada local de implantação toma as principais decisões de planejamento relacionadas às atividades de negócios e atividades de implantação / processos de transferências dentro da programação geral e dos requisitos do projeto.

c. Poderá requerer aprovação do CEO para as principais mudanças na organização ou na política.

d. As principais mudanças no escopo ou no orçamento poderão requerer a aprovação da diretoria.

FIGURA 5-2

Mecanismos eficazes de governança de TI

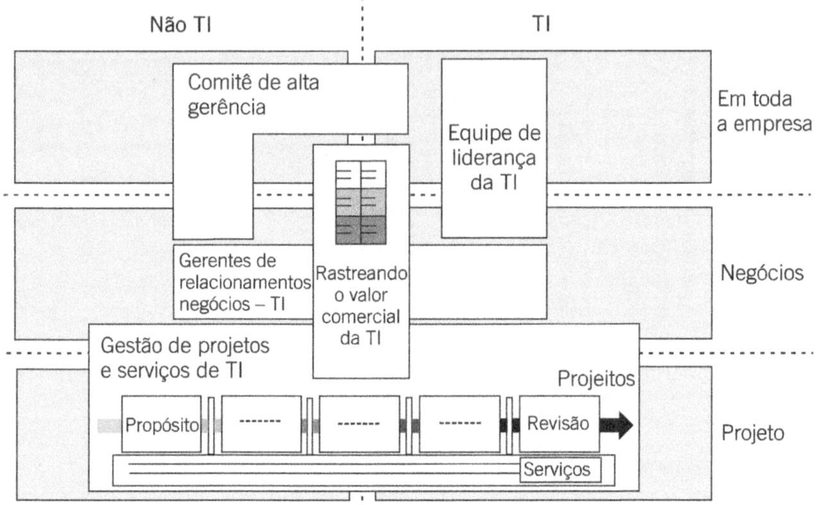

Fonte: © 2009 MIT Sloan Center for Information Systems Research. Reproduzido com permissão.

Nota: As empresas sem esses mecanismos de governança de TI tiveram performance de governança de TI mais baixa (o que está significativamente correlacionado às várias medidas, em vários anos, da performance da empresa, como o retorno sobre o patrimônio).

- *Comitê da alta gerência:* não é surpresa que as empresas com conhecimento em TI consistentemente engajam os altos executivos na tomada de decisões sobre TI. Um comitê em um nível alto geralmente é responsável pelos princípios de TI e gastos e priorização de TI em geral. A composição do comitê de coordenação de TI da alta gerência geralmente inclui alguns ou todos os principais executivos da empresa, entre eles o CEO, o COO, o CIO, o CFO e os chefes das unidades de negócios. Esses altos executivos conseguem unir as entidades organizacionais, como as unidades de negócios e as funções. A maioria das empresas que descrevemos neste livro tem este tipo de comitê, como a EMC, a BT, a Southwest Airlines, a State Street Corporation e a UPS.

- *Equipe de liderança de TI:* as grandes empresas geralmente investem responsabilidades substanciais na tomada de decisões sobre TI à equipe de liderança de TI. Encabeçada pelo CIO, esta equipe é composta por aqueles que se reportam diretamente ao CIO ou, em organizações mais diversificadas, os chefes de TI das unidades de negócios e serviços compartilhados. Esses executivos geralmente estão envolvidos nas decisões relacionadas aos padrões da corporação, à infraestrutura de TI e aos serviços compartilhados.

- *Gerentes de relacionamento de negócios-TI:* as grandes empresas geralmente têm gerentes de relacionamento responsáveis por unirem os negócios e a TI. Essas pessoas agem como ligações para garantir que os usuários dos negócios se beneficiem dos serviços de TI da empresa toda, ao mesmo tempo representando as necessidades de negócios em outras decisões sobre TI. A maioria das empresas com conhecimento em TI descritas neste livro tem gerentes de relacionamento de negócios e TI ou funções similares. Seus esforços geralmente engajam indivíduos em um nível abaixo da equipe da alta gerência e, portanto, suportam a implementação eficaz das decisões relacionadas ao plano de processos de negócios, conformidade com os padrões, desenvolvimento de planos de negócios, reutilização de sistemas e dados de outras partes da empresa e o rastreamento de valor da TI.
- *Gestão/supervisão de projetos e serviços de TI:* a diferença entre esperar que um projeto seja entregue a tempo, no escopo e dentro do orçamento, e a realização do valor real é tipicamente uma questão de metodologia e supervisão disciplinada do projeto. A responsabilidade por planejar a metodologia do projeto e supervisionar geralmente está a cargo do escritório de gestão do projeto (PMO). A implementação efetiva depende dos interessados em todos os níveis da empresa.

A gestão e a supervisão dos serviços de TI são igualmente importantes, porque, na maioria das empresas, os serviços de TI são responsáveis por aproximadamente duas vezes o orçamento de novos projetos de TI. Os principais serviços de TI fornecidos por toda a empresa precisam ser especificados e administrados por custo por unidade e qualidade – parte das decisões de infraestrutura e arquitetura de TI. Por exemplo, a Intel produz um catálogo de serviços de TI e seus custos por unidade. A cada ano, a Intel faz um *benchmark* de seu custo por unidade e qualidade com um grupo de empresas afim. Os resultados, como reportados no relatório anual do departamento de TI, são publicados na internet. Essa transparência ajuda a demonstrar como a TI adiciona valor todos os anos e ajuda a harmonizar como os serviços são administrados e arquitetados juntos em uma plataforma. A gestão dos serviços de TI também envolve o planejamento para as necessidades futuras. Isso requer que a unidade de TI avalie a demanda contra a capacidade para cada serviço.

- *Rastreando o valor comercial da TI:* as revisões após a implementação (RAIs), as quais proporcionam um processo formal para rastrear o valor da TI, são especialmente valiosas para aumentar o aprendizado organizacional sobre como gerar valor da TI. Algumas empresas, como a BT, passaram por revisões no meio do projeto a cada 90 dias. Para aumentar a responsabilidade, no intervalo de 90 dias todo programa passa por uma revisão contra os objetivos e métricas determinados no plano. Se o programa não cumprir esses objetivos e métricas, ele normalmente será cancelado pela equipe financeira da BT. Para ter certeza de que os incentivos estão alinhados, as equipes recebem bônus baseados, em parte, na revisão de 90 dias da performance ante o plano do projeto.

A Figura 5-2 apresenta um mapa de como os cinco mecanismos ajudam a conectar os seis principais grupos de interessados. Faça um mapa dos seus principais mecanismos de governança para avaliar quão bem você estimula as decisões consistentes sobre TI e os valores que envolvem os seis grupos de interessados. Se detectar alguma lacuna, pode apostar que a TI não está gerando o valor estratégico que você quer.

A maioria dos executivos de TI e de negócios nos diz que eles não estão satisfeitos com suas governanças de TI. Dá para entender! Já percebemos que você precisa planejar os mecanismos de governança de TI para endereçar as cinco questões principais, e esses mecanismos de governança precisam coordenar os seis grupos de interessados que tomam as decisões sobre a TI. Tem mais! Você precisa regularmente rever suas práticas de governança para ter certeza de que elas se adaptam às mudanças nos negócios, especialmente com o aumento da diversificação e globalização. Sua governança deve refletir a maturidade de TI de sua empresa na sua jornada para se tornar uma empresa com conhecimento em TI. A State Street Corporation proporciona um exemplo instrutivo sobre como amadurecer e globalizar a governança de TI.

GOVERNANÇA GLOBAL DE TI NA STATE STREET CORPORATION

A State Street é um provedor líder de serviços financeiros para investidores institucionais, incluindo serviços de investimentos, gestão de investimentos e pesquisas e negociações sobre investimentos. Os clientes da State Street – gerentes de ativos, fundos *hedge*, companhias de seguros, fundos coletivos, fundos mútuos, fundos de pensão e instituições sem fins lucrativos, incluindo doações e fundações – usam os serviços da State Street para entregar valor para seus clientes, controlar custos, lançar novos produtos e expandir globalmente. Os mais de 28 mil funcionários da State Street trabalham em 26 países e servem clientes em mais de uma centena de mercados. As receitas da empresa de $ 8,4 bilhões em 2007 representaram um aumento anual de 17% por ano por cinco anos, com aumentos anuais de 18% nos lucros por ação. Em 31 de dezembro de 2007, a State Street tinha $ 15,3 trilhões em ativos sob custódia.[5]

Os produtos e serviços da State Street são altamente facilitados pela TI, portanto, a empresa normalmente aloca 20% das despesas operacionais à TI. Historicamente, a State Street tem sido um conjunto de unidades autônomas de negócios (por exemplo, gestão de investimentos, fundos de pensão), sendo que cada uma delas foca no desenvolvimento de valor para seus clientes. Quando David Spina tornou-se presidente e CEO da State Street em 2001, ele enfrentou um mercado em baixa e uma indústria em mudança. Para aumentar o serviço ao cliente ao mesmo tempo em que espremia maior valor dos ativos da empresa, ele articulou a nova estratégia de "Uma State Street".

A State Street renovou sua estrutura de TI e governança para possibilitar sua nova estratégia. No nível mais alto, a State Street criou o comitê executivo de TI (CETI), incluindo o COO, o CAO, o CIO e os altos executivos de várias unidades de negócios da empresa. Assim sendo, o CETI estabeleceu os princípios de TI que dão suporte ao modelo operacional da empresa e priorizou o orçamento de TI por toda a empresa. O CETI considerava os objetivos estratégicos da empresa e monitorava os recursos e o progresso dos projetos por meio de um orçamento de TI para toda a empresa e sistema de rastreamento da atividade.

Para definir uma estratégia de TI que cumprisse os requisitos das unidades de negócios e da corporação, a equipe do CIO consistia de 12 pessoas que reportavam diretamente a ele, metade das quais chefiava os serviços da corporação, enquanto a outra metade era responsável pelo relacionamento nas unidades de negócios. Os serviços da corporação eram entregues de acordo com os acordos e cobranças retroativas em nível de serviço cuidadosamente elaborado.

Os acordos em nível de serviços forçaram os tomadores de decisões em vários níveis a emergirem e resolverem as tensões naturais entre os serviços da corporação e as demandas das unidades de negócios. O CIO também criou um grupo de liderança de TI com todos os principais vice-presidentes de TI. Este grupo se reunia regularmente para identificar as sinergias da corporação e para implementar a estratégia de TI. Um escritório de arquitetura dentro da TI assumiu a responsabilidade pela implementação de padrões e monitoramento da conformidade com a arquitetura.

Esses mecanismos, os quais a State Street implementou em 2002, promoveram o aprendizado e ajudaram a empresa a adotar a estratégia "Uma State Street". A Figura 5-3 descreve como esses mecanismos coordenaram as perspectivas dos seis principais grupos de interessados.[6] Entretanto, à medida que a State Street adquiria cada vez mais conhecimento em TI, a empresa refinava seus mecanismos de governança. Por exemplo, ela superou a necessidade do CETI como um comitê independente para lidar com as questões de TI. Em 2006, o CETI foi disperso. Em seu lugar, o ex-CIO Joseph Antonellis defendia as questões de TI nas reuniões do Grupo Operacional Executivo, um pequeno grupo de altos executivos chefiado pelo CEO Ron Logue.

Em 2008, Joe Antonellis tornou-se vice-chairman da State Street. O novo CIO, Chris Perretta, lidera os refinamentos da governança de TI para focar nas questões globais e otimização dos processos de negócios. A governança da State Street está sendo refinada para incorporar suas operações cada vez mais dispersas, as quais incluímos serviços dos processos de negócios na Índia e desenvolvimento de novos produtos na China. Perretta reestruturou a TI em três blocos: corporativo (por exemplo, liderança de TI, gestão do portfólio de TI e segurança da TI), serviços compartilhados (por exemplo, suprimentos estratégicos, serviços *offshore*, serviços de dados e infraestrutura) e serviços alinhados aos negócios (por exemplo, novas iniciativas, gestão do relacionamento de TI de negócios e integração de clientes). Ele elaborou deveres e responsabilidades de decisão para cada bloco para alcançar um equilíbrio entre a inovação de negócios locais e as economias globais de escala.

No próximo estágio da jornada da empresa para se tornar uma empresa com conhecimento em TI, o vice-presidente executivo, Robert Kaplan, lidera uma atividade inovadora chamada "escritório modelo". Sua equipe multifuncional identifica e padroniza o conjunto central de processos de negócios globais na State Street. Esta atividade exigirá a criação de 20 centros de excelência virtuais, sendo que cada um deles é responsável pela entrega de processos de negócios críticos (por exemplo, processamento comercial), os quais serão otimizados pelos vários centros geográficos que servem todas as operações globais da State Street. Esses novos mecanismos de governança ajudarão a State Street a coordenar a tomada de decisões em uma empresa cada vez mais global. Novos mecanismos de governança geralmente levam algum tempo para ser dominados, mas eles são essenciais para a habilidade da empresa em promover comportamentos desejáveis e facilitar o aprendizado contínuo.

FIGURA 5-3

Governança de TI na State Street

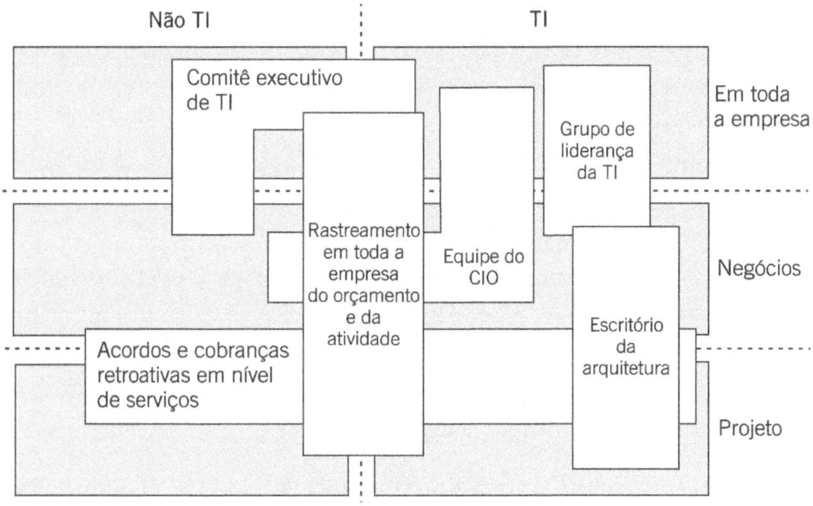

Fonte: © 2009 MIT Sloan Center for Information Systems Research. Reproduzido com permissão.

Nota: O diagrama é baseado na estrutura do modelo de engajamento de TI desenvolvido por Nils Fonstad (INSEAD). Os dados da State Street são interpretação dos autores.

CRIANDO GOVERNANÇA DE TI TRANSPARENTE

Para a governança eficaz de TI, você e seus colegas precisam entender como as principais decisões na sua empresa devem ser tomadas. Pense nas decisões financeiras que são tomadas na sua empresa. Os direitos e responsabilidades decisórios (por exemplo, governança) para as decisões financeiras especificam como você e seus colegas fazem um investimento de capital, quem estabelece o orçamento, quem é responsável pela lucratividade nos negócios, quem passa por uma auditoria e daí em diante. Qual a porcentagem de altos gerentes de sua empresa que poderia descrever precisamente o modo como as principais decisões são tomadas? 95%? Mais? É difícil imaginar fazer negócios sem que todos entendam como as principais decisões financeiras são tomadas e como as pessoas são responsabilizadas.

Qual a porcentagem de seus colegas na alta gerência conseguiria descrever precisamente o modo como as principais decisões sobre TI são tomadas e como as pessoas são responsabilizadas? Em nosso estudo, a média de resposta foi 45%.[7] Para muitas empresas, especialmente aquelas que são menos intensas em TI e empresas de pequeno a médio porte, o número é 25% ou mais baixo. Esta é uma medida importante porque quanto maior a porcentagem, mais impacto da TI você verá no resultado final – na realidade, é um dos melhores indicadores de valor da TI que temos.[8]

Para concluir, aqui estão os cinco importantes princípios de nossa pesquisa para guiar seu trabalho de governança de TI:

- *Lidere o esforço para estabelecer ou esclarecer seu modelo operacional:* seu modelo operacional especifica quais decisões serão globais e quais serão locais. Ao esclarecer o modelo operacional – assim como o comportamento desejado que o acompanha –, você, como alto executivo, consegue delegar muitas decisões sobre TI.
- *Para transparência, escreva a governança de TI em uma folha e use-a para comunicar a responsabilidade sobre a tomada de decisões:* faça um mapa dos seus mecanismos de governança de TI e as responsabilidades individuais para eles usando uma das figuras neste capítulo. Faça com que sua meta seja obter 95% de altos executivos que entendem como as decisões sobre a TI são tomadas.
- *Mantenha pequeno o número de mecanismos de governança:* algumas empresas introduzem um novo mecanismo em resposta a qualquer problema. O resultado é uma governança de TI descoordenada, ineficaz e confusa. Atribua a alguém (normalmente ao CIO) a responsabilidade por projetar e implementar um conjunto coerente de mecanismos de governança de TI.
- *Jogue de acordo com suas forças:* Rebecca Rhoads, CIO global da Raytheon, aconselha implementar governança de TI cobrindo "tudo o que faz com

que sua empresa seja grande".[9] Sempre que possível, envolva as decisões sobre TI em mecanismos sólidos de governança usados para outros ativos (por exemplo, comitê operacional, processos de despesas de capital, equipes de processos de negócios, escritório de gestão do projeto), em vez de estabelecer mecanismos específicos para TI. Você precisará de alguns mecanismos específicos para TI, porém mantenha-os no mínimo (por exemplo, equipe de liderança de TI, gerentes de relacionamentos entre negócios e TI e gestão de projetos de TI e serviços).

- *Aprenda com as exceções:* se houver um bom motivo para uma exceção, como a construção de um novo sistema que não usa os padrões atuais de tecnologia da empresa, viabilize-a e aprenda com ela. Faça com que o processo de exceções seja rápido e fácil e faça com que ele necessite de capital político para que não seja usado levianamente.

Ao esclarecer os direitos e as responsabilidades decisórias sobre TI, você cria a capacidade gerencial de progredir ao longo da jornada para tornar sua empresa uma organização com conhecimento em TI. No próximo capítulo, descreveremos as oportunidades que você criará à medida que adquire mais conhecimento em TI.

6

Extraindo Valor da TI

Sua equipe agora criou e integrou uma plataforma de estratégias, participantes, instalações, *marketing*, observadores e treinamento para lucrar e crescer. Vocês agora estão prontos para se tornarem uma equipe campeã. O que está faltando?

Surpreendentemente, as empresas algumas vezes se forçam pelas transformações e fracassam em colher os benefícios. Exaustas com os esforços para colocar novos sistemas e processos, elas voltam aos comportamentos antigos. Uma vez que você coloca uma plataforma digitalizada, é necessário extrair valor dela ativamente. As empresas que são melhores nisso começam a extrair valor logo no início. Se você começar a extrair valor de uma plataforma, mesmo quando toma os primeiros passos para a sua construção, reduzirá as dilacerações das grandes transformações. Esta é a meta. Construa um pouco, se beneficie muito; construa um pouco mais, se beneficie ainda mais; e assim por diante.

Este capítulo discute como extrair benefícios da sua plataforma digitalizada. Começamos com a 7-Eleven Japan (SEJ), uma empresa que há mais de 20 anos tem extraído valor de uma plataforma digitalizada. A SEJ demonstra como as empresas com conhecimento em TI desenvolvem um modelo de construção e realce de uma plataforma para extrair benefícios confirmados de negócios.[1]

ENTREGANDO VALOR DE UMA PLATAFORMA DIGITALIZADA NA 7-ELEVEN JAPAN

O CEO da 7-Eleven Japan, Toshifumi Suzuki, há muito acredita que um dos problemas mais sérios no varejo é a perda de uma venda por não ter um item em estoque. Assim sendo, desde quando abriu sua primeira loja em 1974, Suzuki consistentemente realçou as capacidades de inventário e gestão de produtos de suas lojas. Logo no início, ele definiu uma réplica de um modelo operacional que tem, desde então, instalado tecnologia de classe mundial e processos de gestão da distribuição nas 12.034 lojas da SEJ. Como resultado, cada loja otimiza o inventário para cumprir com as demandas de seus próprios clientes.

Como eles conseguem fazer isso? O sucesso da SEJ origina de seus funcionários talentosos que aproveitam a capacidade de sua plataforma digitalizada. A SEJ introduziu seu primeiro sistema de ponto de venda (PDV) no início dos anos 1980. Os dados gerados pelo PDV ajudaram a SEJ a analisar o hábito de compra de seus clientes para melhorar o processo de pedidos de produtos. Os dados do PDV tornaram-se ainda mais valiosos no início dos anos 1990, quando a SEJ instalou linhas de telecomunicações de alta velocidade e, subsequentemente, conexões via satélite. As telecomunicações de alta velocidade levaram os relatórios de vendas instantâneos para toda a rede de fornecimento da SEJ, o que permitiu que ela diminuísse ainda mais o tempo entre a venda e o reabastecimento.

Desde então, a SEJ criou um "sistema total de informações" para conectar suas lojas, escritórios centrais e fornecedores. Nas lojas, os funcionários têm acesso às informações sobre as vendas recentes, as condições climáticas e as séries de produtos, tudo representado graficamente para dar apoio às decisões de pedidos. Para extrair o valor máximo de sua plataforma, a SEJ treina todos os proprietários de lojas e funcionários, incluindo os funcionários de meio período, na gestão do inventário. Conselheiros visitam as lojas duas vezes por semana para fornecer informações sobre a operação da loja e informações sobre os produtos disponíveis.

A gerência da SEJ insiste no desenvolvimento profissional de todos os funcionários. Esses funcionários fazem o pedido de alimentos frescos para entrega três vezes por dia; portanto, se a SEJ atinge ou não seu mix ótimo de produtos, depende de suas decisões. O *feedback* diário sobre a performance da loja ajuda os funcionários a constantemente melhorarem a gestão de seu mix de produtos. Os funcionários da loja também podem trabalhar diretamente com os fabricantes para propor novos itens. Seus esforços resultaram em inovações constantes de produtos – um número notável de 70% de produtos é renovado todos os anos em cada loja.

Do ponto de vista do cliente, o uso eficaz da plataforma da SEJ significa que em dias quentes as lojas da 7-Eleven Japan têm o suficiente de "marmitas" ô-Bento, ao passo que em dias frios eles vendem muito macarrão quente. A SEJ, por sua vez, beneficia-se da lealdade do cliente e das vendas mais altas. Com o passar dos anos, a SEJ tem, consistentemente, superado seus concorrentes na média de vendas diárias e margens.

À medida que as oportunidades de crescimento no Japão diminuíam o ritmo, a SEJ procurou outras inovações que expandiram a infraestrutura central da empresa e os serviços existentes nas lojas. Em 2001, a SEJ estabeleceu o IYBank por meio de uma *joint venture* e instalou caixas eletrônicos em suas lojas. As inovações subsequentes adicionaram serviços como a impressão de fotos digitais (2004), venda eletrônica de bilhetes (2006), shopping na internet "*Otoriyose-bin*" (2007) e serviços financeiros eletrônicos "nanaco" (2007).[2] Esses novos serviços permitiram que a SEJ testasse os limites de sua plataforma de varejo e atendimento ao cliente.

A SEJ extrai valor ao certificar-se de que todos usam sua capacidade e, em seguida, introduz, incansavelmente, novas capacidades. Este é um hábito que você gostaria de desenvolver em sua empresa.

ALAVANCANDO UMA PLATAFORMA DIGITALIZADA PARA AGILIDADE NOS NEGÓCIOS

A meta de uma plataforma digitalizada é o crescimento rentável da agilidade nos negócios e nas operações organizadas. Historicamente, as empresas passam por ciclos de crescimento seguidos por lucros. Porém, o ambiente de negócios global de hoje exige lucro e crescimento simultaneamente. *Agilidade nos negócios*, a qual definimos como o uso de processos e capacidades de TI existentes para gerar rapidamente novo valor comercial e ao mesmo tempo limitar os custos e riscos, possibilita o crescimento rentável.

A essência da agilidade nos negócios é a reutilização. E o propósito de uma plataforma digitalizada é criar um conjunto de sistemas e processos de negócios reutilizáveis que pessoas com conhecimento possam distribuir rapidamente. Ao facilitar a reutilização, uma plataforma proporciona à empresa uma vantagem em relação às oportunidades de negócios.

Assim como na SEJ, a plataforma de sua empresa pode proporcionar agilidade nos negócios. Nossa pesquisa descobriu que a agilidade nos negócios permite que uma empresa responda rapidamente aos quatro tipos de oportunidades de negócios: (1) realçar a performance ao capacitar as pessoas com processos otimizados e dados, (2) acelerar a inovação de produtos e serviços, (3) melhor satisfazer as necessidades dos clientes ao se reorganizar e (4) melhor integração de fusões e aquisições.[3] A Tabela 6-1 resume essas oportunidades e como você consegue lucrar com cada uma delas. Vamos ver como algumas empresas com conhecimento em TI obtiveram valor de uma plataforma digitalizada.

TABELA 6-1

Como uma plataforma leva à agilidade nos negócios

Oportunidade de negócios	Papel da plataforma digitalizada	Práticas administrativas importantes
Realçar a performance ao capacitar as pessoas	• Disponibilizar informações sobre clientes e produtos/serviços para os funcionários que lidam diretamente com eles e os operacionais. • Proporcionar analíticos para aqueles que tomam as decisões.	• Treinamento de funcionários. • Performance e métricas claras para encorajar a propriedade dos objetivos. • Colaboração com contrapartes para compartilhar o aprendizado.
Acelerar a inovação do produto e serviço	• Processos repetitivos automatizados para permitir mais foco da gerência na inovação. • Facilitar, através de interfaces padronizadas, a adição de novos produtos e réplicas por todos os locais. • Introduzir atendimentos aos clientes baseados em informações. • Criar serviços que gerem receitas.	• Incentivos para recompensar as inovações. • Equipes funcionais que solicitam e avaliam ideias sobre a inovação de produtos. • Gerentes de relacionamento com os clientes que buscam as necessidades e sugestões de clientes. • Incubadoras encarregadas da geração de novos produtos e serviços.

TABELA 6-1 *(continuação)*

Reorganização ao redor dos clientes	• Proporcionar informações para dar suporte às decisões específicas aos segmentos individuais de clientes. • Proporcionar processamento direto para dar suporte às funções globais.	• Novas funções que se especializam em segmentos específicos de clientes. • Novas estruturas como *call centers* centralizados; serviços compartilhados.
Integração de uma fusão ou aquisição	• Proporcionar uma plataforma que substitua os sistemas e processos da empresa adquirida. • Proporcionar componentes de processos que possam ser reutilizados na empresa adquirida.	• Romper e substituir abordagens à integração. • Uso seletivo de componentes de processos.

Fonte: © 2009 MIT Sloan Center for Information Systems Research. Reproduzido com permissão.

Realçar a Performance ao Habilitar as Pessoas

Uma das características mais valiosas de uma plataforma digitalizada é sua habilidade em colocar as informações nas mãos de pessoas que precisam delas. Não deixe passar essa oportunidade! Cada funcionário que interage com os clientes pode ser armado com informações sobre os clientes e sobre os produtos e serviços da empresa para garantir uma interação de qualidade. Mas você terá de se certificar que elas (1) tenham acesso às informações necessárias, (2) saibam como obtê-las e (3) saibam o que fazer com elas.

Funcionários da Campbell Soup melhoram os processos operacionais

A gerência da Campbell Soup insistia em que todas as instalações da Campbell na América do Norte implementassem os processos padrões da cadeia de fornecimento da empresa.[4] Os processos padrões produzem dados padronizados, o que permite uma visão global da cadeia de fornecimento. Os líderes do Projeto Harmonia da Campbell proporcionaram treinamento nas novas ferramentas de sistemas, mas eles sabiam que não conseguiriam gerar todos os benefícios potenciais de uma cadeia de fornecimento se os funcionários simplesmente aprendessem como usar os novos sistemas.

O próximo passo era certificar-se de que as pessoas haviam entendido como extrair valor de seus novos sistemas. Para este fim, os donos de projetos assumiram a responsabilidade de divulgar as boas ideias que observaram em instalações individuais. Além disso, a gerência encoraja os funcionários a colaborarem com os colegas em outros locais – uma prática que reforça os relacionamentos formados durante o processo de implementação.

Para incentivar ainda mais o aprendizado, a gerência tem, consistentemente, focado no custo total de entrega (CTE) fixo a meta declarada do Projeto Harmonia. À medida que os funcionários passam a entender os componentes do CTE, eles cada vez mais aceitam a propriedade para gerarem benefícios de seus novos sistemas. Por exemplo, os funcionários no atendimento aos clientes aprenderam como administrar por exceção; eles fazem o *follow up* em menos pedidos e ao mesmo tempo respondem mais eficazmente aos pedidos que precisem de sua atenção. Os gerentes da cadeia de fornecimento descobriram que eles conseguem diagnosticar erros mais rapidamente. Esses diagnósticos levam a treinamentos adicionais quando os desacertos resultam de erros de pessoas. Os gerentes das instalações clamam economias significantes do reconhecimento mais rápido de problemas nos equipamentos. E um *controller* descobriu que as melhorias nos processos reduziram os pontos de controle, para os esforços de conformidade com a lei Sarbanes-Oxley, de mais de 60 para aproximadamente 20.[5]

Na Campbell, o objetivo do CTE proporciona um objetivo para a equipe. A Swiss Re, assim como muitas empresas de serviços financeiros, enfatiza resultados de performance mais individuais.

A capacitação na Swiss Re depende de métricas de performance individual

A meta da Swiss Re para sua plataforma é gerar valor econômico consistente em uma indústria volátil.[6] É claro que corretores de seguros individuais, administradores de seguros, vendedores, gerentes de investimento ou outros funcionários com conhecimento nos escritórios locais da Swiss Re não conseguiriam avaliar facilmente os impactos de suas decisões individuais no valor econômico da Swiss Re. Para ter certeza de que as decisões locais satisfarão os objetivos globais da empresa, a Swiss Re centraliza a responsabilidade pela definição dos critérios de decisão e alvos de performance. A gerência consegue, assim, manter os indivíduos responsáveis pelos resultados de suas decisões.

A plataforma digitalizada da Swiss Re permite que a gerência isole os retornos em vários tipos de investimentos e contratos. Com essas informações, eles conseguem analisar os resultados da performance e estabelecer critérios para as decisões individuais. Por exemplo, os profissionais de produtos estabelecem preços-alvo para os produtos da empresa (o preço estimado para gerar o retorno desejado da Swiss Re). Os profissionais de relacionamento com os clientes vendem esses produtos para os clientes usando os preços-alvo dos gerentes de produtos para tomar suas decisões sobre o que cobrar dos clientes.

Para refletir suas responsabilidades diferentes, a Swiss Re avalia a performance dos gerentes de produtos com base na exatidão de seus preços-alvo. Os gerentes de relacionamento com os clientes são avaliados em suas performances ante os preços-alvo. Os valores da plataforma resultam, em parte, da transparência que esta proporciona para avaliar a performance individual, mesmo em tempos parados. Para os funcionários, a plataforma proporciona informações exatas para dar suporte às suas tomadas de decisões, para fazer com que eles – e a Swiss Re – tenham mais sucesso.

A capacitação dos funcionários não é o resultado automático de uma plataforma digitalizada. Além de equipar seus funcionários com informações valiosas, você precisa proporcionar treinamento contínuo e critérios de decisão claros e objetivos de performance. Não vale a pena passar pela construção de uma plataforma digitalizada se você não vai capacitar seus funcionários com informações. A capacitação leva a um desempenho melhorado da empresa e à cultura de melhorias contínuas à medida que seu pessoal aprende como capitalizar nas capacidades de sua plataforma digitalizada.

Acelerando a Inovação na Plataforma

Normalmente, você não associa padrões com inovações, mas os padrões de dados e processos introduzidos com uma plataforma digitalizada realçaram a inovação em muitas empresas com conhecimento em TI. Uma plataforma consegue suportar a inovação de produtos de várias maneiras. A P&G, a ING Direct e a UPS realçam as oportunidades diferentes.

A plataforma de serviços compartilhados da P&G suporta as inovações dos gerentes de marca

Na P&G, a plataforma de serviços compartilhados lida com muitos serviços administrativos que a P&G quer retirar de seus gerentes de marca para que eles possam focar na inovação e receptividade dos clientes.[7] Além disso, a organização de serviços compartilhados da P&G (Serviços Globais de Negócios) entrega serviços reutilizáveis de suporte aos negócios, tais como pesquisa sobre o prospecto principal, embalagem técnica e design dos materiais, inteligência competitiva, plano de ação na loja e representação e modelagem dos produtos. Esses serviços alavancam a proficiência por toda a empresa para que os gerentes de marca possam lançar novos produtos, rápida e eficazmente.

É claro que a P&G precisava, inicialmente, assegurar aos gerentes de marca que o design e a qualidade desses serviços satisfariam suas necessidades. É claro que não é fácil para os gerentes abrirem mão de atividades que eles realizam muito bem. Os serviços globais de negócios da P&G encorajam os gerentes com economias de custos, ao passo que a gerência recompensa os gerentes de marca pela sua criatividade e conquistas no relacionamento com os clientes.

A plataforma da ING DIRECT suporta a inovação de produtos

A plataforma da ING Direct é a base para seus produtos bancários pessoais de custo baixo e valor alto.[8] O comitê de produtos do banco, composto por membros de cada um de seus bancos nos países, solicita ideias para novos produtos e determina quais serão perseguidos. Em seguida, a empresa desenvolve novos produtos centralmente, para que todos os nove bancos de países da ING Direct possam adotá-los.

Em alguns casos, os bancos locais poderão elaborar um produto financeiro para satisfazer as necessidades específicas de seus clientes. Mesmo assim, se a gerência acreditar que um novo produto ou serviço tem aplicativos mais amplos pelos outros bancos, a unidade central de TI desenvolverá o produto para que este possa adequar-se às interfaces-padrão da empresa. A plataforma de interfaces-padrão da empresa reduz a tarefa de desenvolvimento, acelerando, assim, o desenvolvimento de novos produtos e facilitando o lançamento rápido.

A plataforma da UPS suporta as inovações do atendimento aos clientes

A UPS usa sua plataforma para proporcionar um fluxo constante de inovações baseadas em informações para servir os clientes.[9] Essas começaram com serviços baseados na internet, tais como rastreamento, coleta de pacotes e verificação de valores no início dos anos 1990. Com o passar do tempo, os serviços tornaram-se mais customizados. A UPS começou a fornecer informações sobre todas as entradas e saídas de remessas de seus clientes. Ela desenvolveu *links* para ajudar os clientes da UPS a informar seus próprios clientes sobre as remessas que eles haviam despachado. A UPS também oferece um *dashboard* com capacidade interativa para os clientes que precisam de informações sobre a entrega para fins de fatura ou para suprir as necessidades de atendimento aos clientes.

A maioria dessas inovações são serviços que fornecem informações sobre o próprio negócio de entrega de remessas da UPS. Porém, algumas inovações passam a gerar receitas. As inovações da UPS não são simplesmente surpresas felizes. A gerência investe em inovações. Os gerentes de contas trabalham com clientes grandes para identificar meios nos quais a UPS possa auxiliá-los a ajudar seus próprios clientes. E a UPS está disposta a financiar equipes separadas de inovação quando percebe novas oportunidades. A UPS se posicionou para o comércio digital, por exemplo, ao formar uma equipe incubadora separada para desenvolver novas ideias de negócios.

Sua plataforma digitalizada poderá, no mínimo, realizar processos repetitivos para que os gerentes tenham mais tempo para pensar em inovações. Mediante a simples mudança de expectativas para fazer com que a inovação seja parte do serviço da maioria dos gerentes, sua plataforma digitalizada poderá contribuir para a inovação de sua empresa. Mas você também poderá criar equipes encarregadas da identificação de inovações incrementais. Além disso, seus clientes provavelmente terão muitas sugestões sobre como você pode usar a tecnologia para melhor servi-los. Apenas pergunte.

Reorganizando-se ao Redor dos Clientes

Walmart, o gigante do varejo, estabeleceu sua reputação por oferecer preços baixos para os clientes. Nos bastidores, o Walmart tem outra reputação – a de ser um cliente muito exigente com seus fornecedores. Antigamente, essa abordagem fez com que o Walmart fosse singular. Hoje, porém, a norma são clientes exigentes.

Um número crescente de empresas olha suas estruturas organizacionais e percebe que elas satisfazem suas próprias necessidades funcionais melhor do que satisfazem as necessidades dos clientes. Os clientes raramente têm a paciência de trabalhar com provedores que não conseguem responder às suas necessidades. Mas muitas empresas não têm os processos ou informações para se organizarem de acordo com as necessidades de seus clientes. Agora que você tem uma plataforma digitalizada, consegue reestruturar-se junto a seus clientes.

PepsiAmericas se reorganiza para satisfazer as necessidades dos clientes

Em 2006, a gerência da PepsiAmericas anunciou uma estratégia de alinhamento com os clientes. Assim como todas as outras grandes empresas de engarrafamento, a estratégia de a PepsiAmericas ir para o mercado foi desenvolvida no fornecimento por meio de caminhões que entregavam os produtos. Mas a PepsiAmericas tinha 30 clientes nacionais responsáveis por aproximadamente um terço de suas receitas. Além disso, restaurantes e escolas que vendiam refrigerante de máquina automática ou não tinham necessidades diferentes dos grandes varejistas. A gerência iniciou a estratégia de alinhamento com os clientes para melhor alavancar a habilidade dos canais existentes, especializando-se ainda mais no atendimento aos clientes, alocando recursos para os canais em crescimento, alinhando-se com os processos dos clientes e tendo mais visibilidade nas oportunidades de mercado.[10]

O alinhamento com os clientes envolvia separar as responsabilidades para os grandes clientes da PepsiAmericas, que aceitam remessas para seus próprios depósitos. Um segundo segmento consiste de clientes grandes que aceitam a entrega diretamente nas lojas. A PepsiAmericas também criou um *call center* para as pequenas contas, embora grande parte da responsabilidade por elas tenha permanecido no campo. Esta nova estrutura requeria muito pouco trabalho de TI, isso porque a plataforma digitalizada da PepsiAmericas havia criado um repositório de dados de fácil acesso aos dados atuais e históricos. Havia dados disponíveis para suportar as decisões críticas, tais como precificação e negociações dos serviços aos clientes. A gerência precisou criar novos papéis administrativos para focar os indivíduos nas necessidades de segmentos específicos de clientes, mas a TI era um facilitador, não um obstáculo.

A Swiss Re se reorganiza para satisfazer as exigências globais

No final de 2005, a gerência da Swiss Re sentiu que os processos e sistemas comuns da empresa ofereciam uma oportunidade ainda não utilizada de melhorar o atendimento ao cliente e realçar o valor dos acionistas. A empresa se reorganizou ao redor de três funções globais de negócios: mercados de clientes, produtos e serviços financeiros. A gerência também introduziu três funções corporativas (gestão de riscos, finanças e operações), provendo suporte globalmente coordenado.

Essa nova estrutura suportava os esforços para adotar os melhores processos possíveis em cada função de negócios, ao mesmo tempo proporcionando uma cadeia integrada de valor pelas unidades de negócios. Isso permitiu que a empresa administrasse globalmente o risco e satisfizesse as necessidades de clientes globais.[11]

Na economia global de hoje, você precisa encontrar meios de satisfazer as necessidades crescentes de seus clientes. É provável que sua estrutura atual não esteja funcionando. Reorganizações geralmente são eventos traumáticos para as pessoas na empresa. Com uma plataforma digitalizada, você consegue escolher a estrutura que achar melhor – não aquela antiga para a qual seus sistemas foram construídos.

Suporte da Plataforma para a Integração na Fusão

Do ponto de vista da TI, o desafio de crescimento por aquisição, em vez de organicamente, é que duas empresas estão tentando, invariavelmente, fundir sistemas e processos incompatíveis. Algumas empresas tentam escolher entre as melhores capacidades das duas empresas, mas sua interdependência de sistemas e processos complica a tarefa. Sua plataforma digitalizada lhe dará um ativo que poderá agregar valor à entidade fundida.

CEMEX cresce com a estratégia de romper e substituir

Nos últimos oito anos, a CEMEX, baseada no México, cresceu, mediante aquisições, de um fabricante de cimento de US$ 5 bilhões para uma empresa global de materiais para construção de US$ 22 bilhões. Ela iniciou sua estratégia de aquisição em 1992, quando adquiriu dois produtores espanhóis de cimento. Inicialmente, a CEMEX agregou valor por meio da introdução de práticas administrativas melhores nas empresas adquiridas. Os resultados foram impressionantes: as empresas adquiridas entre 1992 e 1996 aumentaram suas margens operacionais por uma média de mais de dez pontos percentuais nos três anos após a aquisição.[12]

Essas primeiras aquisições, contudo, introduziram uma proliferação de sistemas e processos e aumento nos custos de TI. À medida que a empresa se expandia globalmente, isso passou a ser uma preocupação crescente. Assim sendo, em 2000, o CEO Lorenzo Zambrano introduziu um sistema principal de planejamento dos recursos da corporação para ajudar a empresa a padronizar os oito principais processos de negócios: comercial (contato direto com os clientes e logística de cimentos), fabricação de mistura pronta, contabilidade, planejamento e orçamento, operações, aquisições, finanças e RH. Hoje, cada aquisição envolve romper os sistemas e processos da empresa adquirida e implementar a plataforma da CEMEX. A experiência de romper e substituir é dolorosa para os funcionários na empresa adquirida, mas a CEMEX investe muito em treinamento. Os resultados são notáveis. Com operações hoje em 50 países, a CEMEX cresceu suas vendas em 19% e o EBITDA em 11% em 2007.

A 7-Eleven Japan seletivamente reutiliza sua plataforma

Parte do crescimento da 7-Eleven Japan resulta de aquisições de lojas. Assim como a CEMEX, porém em menor escala, a gerência da SEJ aplica a abordagem de romper e substituir para integrar essas lojas. A SEJ abriu sua primeira loja na China em 2004, país que apresenta uma nova oportunidade para replicar a plataforma da SEJ.

A aquisição pela SEJ da 7-Eleven US em 2005, no entanto, não é muito apropriada para a estratégia de romper e substituir. A participação de mercado das lojas de conveniência é muito mais baixa nos Estados Unidos, onde o mercado é heterogêneo, a desigualdade salarial é muito maior e o comprador é mais sensível em relação ao custo do que no Japão. Além disso, diferentemente das lojas japonesas que se tornam franquias uma de cada vez, nos Estados Unidos a SEJ adquiriu 6 mil lojas e franquias de uma única vez. Por enfrentar áreas demográficas diferentes e uma base estabelecida de lojas, a SEJ não consegue simplesmente romper e substituir sistemas e processos. Em vez disso, ela consegue alavancar elementos úteis de seus processos de distribuição e gestão do inventário à medida que constrói sua plataforma para os negócios nos EUA. Esperamos que a SEJ reutilize os componentes específicos de negócios em vez da plataforma toda.

A estratégia de romper e substituir somente é útil quando você adquire empresas muito parecidas com a sua. Se for isso o que você está fazendo, a plataforma digitalizada não tem valor. Após ter aprendido como implementar a plataforma uma vez, você poderá aplicar esse aprendizado à empresa adquirida. Parte da vantagem de chegar ao estágio 4 da jornada para tornar-se uma empresa com conhecimento em TI é que você pode identificar componentes para reutilização. A habilidade de reutilizar os componentes de processos será útil para quase todas as aquisições.

EXPERIMENTANDO FORA DA PLATAFORMA

As empresas com conhecimento em TI extraem agilidade de negócios de suas plataformas digitalizadas. Elas capacitam seu pessoal para extrair valor de suas plataformas. Elas introduzem inovações de produtos e se reorganizam para extrair valor de clientes. E elas buscam oportunidades para adentrar novos mercados ou adquirir empresas para alavancar ainda mais suas plataformas. Tudo isso permite que elas cresçam lucrativamente. Porém, embora a agilidade nos negócios seja necessária para o sucesso comercial, ela não é suficiente. Agilidade nos negócios – e a plataforma digitalizada que a capacita – não lhe ajudará a responder às tecnologias rompidas e radicalmente aos novos modelos de negócios.[13]

A fabricante de computadores Dell proporciona um exemplo constrangedor das limitações de uma plataforma digitalizada. Por muitos anos, o modelo de negócios altamente aclamado da Dell prosperou porque a empresa havia construído uma plataforma que suportava computadores pessoais individualmente configurados e adquiridos por venda direta. Mas a plataforma da Dell não ajudou a suportar o sucesso de negócios quando os computadores pessoais passaram a ser basicamente *commodities*. Embora a Dell ainda venda computadores, as oportunidades de mercado são limitadas. Assim sendo, a empresa está se recriando como provedora de serviços.[14] Para fazer isso, é necessária outra plataforma digitalizada.

Você poderá mitigar os riscos de sua plataforma digitalizada ao inovar separadamente da sua plataforma. Isso envolve financiar explicitamente experimentos de negócios como parte do seu portfólio de TI. A UPS oferece um exemplo.

Por muitos anos, a UPS conseguia crescer ao expandir sua plataforma digitalizada que suportava a entrega de remessas. Ela cresceu confortavelmente ao adentrar novos mercados e adicionar serviços inovadores relacionados às remessas. Pelo fato de as oportunidades de crescimento na entrega de remessas ter diminuído, a UPS procurou essas oportunidades além de sua plataforma. Ao manter o negócio de entrega de remessas como seu negócio principal, a UPS criou um conjunto de negócios menores, voltados para o crescimento, como a UPS Supply Chain Solutions, UPS Capital, UPS Consulting, UPS Logistics Technologies, The UPS Store e outros.[15]

A inestimável plataforma digitalizada da UPS não proporciona muito valor para os novos negócios. Na realidade, é o oposto. Em vez de usar a plataforma digitalizada do negócio de entrega de remessas para construir novos negócios, os novos negócios da UPS alimentavam o negócio principal de entrega de remessas. Nesse meio tempo, a UPS está construindo uma nova plataforma digitalizada para suportar seus novos negócios.

Ao projetar a maioria dos experimentos estratégicos fora de seu negócio principal, você irá querer explicitamente evitar o uso de uma plataforma digitalizada existente. A plataforma reprimirá a visão do que é possível. Financiamento separado, e geralmente uma equipe administrativa separada, ajuda a identificar as inovações nos negócios que seriam instrumentais para o sucesso em longo termo da empresa. Durante os períodos intensos de construção da plataforma, você não terá as informações ou recursos financeiros para investir em experimentos. Mas, uma vez que a base da plataforma é construída, procure oportunidades de crescimento além da sua plataforma.

Não deixe que isso o desencoraje sobre a construção de sua plataforma. As empresas com conhecimento em TI experimentam na plataforma – para gerar valor mediante a reutilização. E elas também experimentam fora da plataforma – para identificar a próxima ideia inovadora. Você consegue – melhor ainda, deve – fazer ambos.

ASSUMA A LIDERANÇA NA EXTRAÇÃO DE VALOR

Uma constante nos esforços de empresas com conhecimento em TI para extrair valor da TI é a liderança dos altos executivos de negócios. Aqui estão algumas coisas que você precisa fazer para extrair valor estratégico da TI:

- *Estabeleça a direção:* defina um modelo operacional que estabeleça os parâmetros para sua plataforma digitalizada. Articule essa visão estratégica que o modelo operacional e a plataforma subjacente pretendem realizar.
- *Lidere a transformação:* direcione as principais iniciativas para a construção de uma plataforma digitalizada. Assuma a responsabilidade pelas mudanças organizacionais necessárias para executar a visão.
- *Preserve os padrões de tecnologia, de dados e de processos:* proporcione supervisão do modelo operacional e da plataforma que o capacita. Exija que as implementações de tecnologia estejam em conformidade com os padrões ou justifique a exceção.
- *Extraia valor:* aproveite a agilidade nos negócios que sua plataforma oferece. Em resposta às novas oportunidades de mercado, (1) encoraje os funcionários capacitados a continuamente melhorarem os processos de

negócios de sua empresa; (2) inove constantemente sobre a sua plataforma; (3) se reorganize, quando necessário, para maximizar as reações dos clientes; e (4) instale a plataforma – e as mudanças organizacionais que a acompanham – nas aquisições apropriadas. Não se esqueça de experimentar fora da plataforma.

Seu tempo e esforço para liderar sua empresa na jornada para se tornar uma empresa com conhecimento em TI valem a pena? Absolutamente! Se os altos executivos não liderarem o esforço para se tornarem empresas com conhecimento em TI, suas empresas nunca chegarão lá. A plataforma digitalizada não se materializará e a TI cumprirá apenas as promessas isoladas.

Certamente você tem muitos outros deveres para assumir a responsabilidade total de extrair valor de sua plataforma digitalizada. Além das responsabilidades da alta gerência listadas anteriormente, você precisa encontrar um meio de engajar todos na empresa na extração de valor da TI. Isso nos leva de volta à governança. Assim sendo, construa uma plataforma governe-a eficazmente. Em seguida, deixe que todos na sua empresa obtenham sucesso. As oportunidades são ilimitadas.

7

Liderando uma Empresa com Conhecimento em TI

Esperamos que, agora, você já esteja convencido de que deve tornar sua empresa uma organização com conhecimento em TI e construir uma plataforma informatizada de processos para sua empresa. Vale a pena ter conhecimento em TI. Nossa pesquisa descobriu que as empresas que estão acima da média tanto em seu conhecimento em TI quanto em gastos com TI têm margens 20% mais altas do que a média da indústria. Em contraste, as empresas com gastos e conhecimento abaixo da média têm margens 32% mais baixas do que a indústria.[1] E também o conhecimento em TI o coloca na posição de aproveitar as oportunidades de negócios futuras.

Neste capítulo, primeiramente lhe pedimos que avalie o conhecimento em TI de sua empresa. Em seguida, discutimos os papéis de liderança para liderá-lo por meio da jornada para tornar sua empresa uma organização com conhecimento em TI. Também discutimos o que os fornecedores podem fazer para ajudá-lo a ter mais conhecimento. Encerramos com uma lista de suas obrigações em uma manhã de segunda-feira. A menos que você tome a liderança e mude o comportamento, você não terá o conhecimento em TI, e a esta será mais um passivo do que um ativo.

QUAL O CONHECIMENTO EM TI DE SUA EMPRESA?

Nossa pesquisa identificou cinco conjuntos de práticas e competências que caracterizam as empresas com conhecimento em TI. Considere as práticas de sua empresa em cada uma dessas cinco áreas, e em seguida lhe pediremos que autoavalie seu conhecimento em TI.

- *Quão comprometidos você e seus colegas na alta gerência estão com o uso estratégico da TI?* Extrair valor da TI requer atenção e comprometimento da alta gerência. Isso significa que você precisa comunicar – repetidamente – o modelo operacional da empresa para estabelecer a direção. Em seguida, você precisa atender e ativamente participar das reuniões do comitê que tratam das questões de TI. Seu trabalho também é estabelecer critérios para o financiamento de TI e monitorar os resultados dos projetos de TI. Lembre-se de que compromisso não significa simplesmente dizer que a TI é importante. Em uma avaliação recente de conhecimento em TI para uma empresa de serviços financeiros, os altos gerentes se classificaram no topo da lista em questão de compromisso com a TI. Porém, as pessoas que trabalham diretamente com os clientes e outros executivos nessa empresa classificaram o comprometimento da alta gerência muito mais abaixo. Os resultados diferentes surpreenderam e desapontaram a equipe da alta executiva. Um dos altos gerentes perguntou: "Por que eles não entendem?" Ações são importantes. Se os altos gerentes não demostrarem sempre compromisso com o uso estratégico da TI, não há compromisso suficiente.
- *Quão bem você integra os negócios e a TI?* Em empresas com conhecimento em TI, cada pessoa pensa digitalmente. Sua meta é ter uma única fonte de verdade de seus principais dados; componentes digitalizados de processos para seus principais processos de negócios; e um conjunto limitado de tecnologias padronizadas. Do mesmo modo que cada plano de negócio tem um orçamento, os planos de negócios de empresas com conhecimento em TI contêm uma seção sobre o papel da tecnologia. Cada estratégia de negócios considera as implicações para TI, e a unidade de TI tem um papel importante em prever quais estratégias são possíveis. Você irá querer relatórios regulares sobre as tendências da tecnologia e suas implicações para sua empresa, com estudos de casos

de concorrentes e práticas interessantes. Um sinal de que você alcançou a integração entre os negócios e a TI é a aceitação geral do CIO como líder dos negócios.

- *Quão bem você administra as políticas?* A TI é, inerentemente, uma tecnologia de integração, pois integra os processos dentro da empresa e integra a empresa com seus clientes e fornecedores. Qualquer coisa que venha a inibir essa integração reduz a eficácia da empresa com os gastos com TI. As empresas nas quais pessoas relutam em compartilhar dados e processos de negócios e não têm a cultura de colaboração e compartilhamento dispõem de conhecimento em TI mais baixo. Um dos exemplos favoritos vem de nosso estudo na indústria de fabricação de válvulas. O grupo de vendas estava entusiasmado sobre a introdução de *laptops high-end* para os vendedores. Os clientes ficaram impressionados quando o vendedor, no escritório do cliente, conseguia projetar e agendar seu pedido customizado *on-line* e garantir uma data para a entrega. Entretanto, quando a empresa implementou o sistema pela primeira vez, o gerente de produção resistiu e anunciou "Nenhum vendedor escamoso tocará na minha programação de produção". O sistema de entrada do pedido de dentro do escritório do cliente sobreviveu ao gerente de produção. Políticas são uma fonte poderosa e muitas vezes mais sutil e subversiva do que a reação de um gerente de produção. Para tornar sua empresa uma organização com conhecimento em TI é necessário construir um senso compartilhado de comunidade, suportado pela mistura correta de incentivos locais e globais. Sem este senso de comunidade, as políticas disfuncionais acabam minando as iniciativas de TI da corporação.

- *Quão capacitadas com sistemas ótimos e informações são as pessoas na sua empresa?* O resultado final para tornar-se uma empresa com conhecimento em TI é que os usuários do sistema conseguem fazer seus trabalhos eficazmente e se sentem capacitados para se sobressaírem. Antes de a Delta Airlines construir sua plataforma digitalizada, se você perguntasse "De qual portão sai o voo 56?", você recebia uma resposta diferente do agente no *check-in* na área de desembarque de passageiros, do agente do serviço telefônico e dos agentes de serviços do Crown Club. Cada pessoa olhava em sistemas diferentes e obtinha uma resposta diferente. Não eram apenas os passageiros que se frustravam, mas também os agentes da Delta, que queriam fazer um bom trabalho.[2] A satisfação com os sistemas e, serviços de TI e dados é muito fácil de medir. Muitas empresas, incluindo Intel, Novartis, Procter & Gamble e JM Family, medem regularmente a satisfação dos funcionários com a qualidade de seus serviços de TI, algumas delas comparando-se com um corte de empresas similares. Algumas empresas também incluem a satisfação dos clientes externos. Faça com que essas medidas de satisfação sejam transparentes na sua empresa e elas, normalmente, melhorarão com o tempo. Capacitar seus funcionários com sistemas ótimos faz parte de ser uma empresa com conhecimento em TI.

- *Quão bem você aprende com a experiência?* As empresas com conhecimento em TI aprendem com a experiência e não cometem o mesmo erro repetidamente. Por exemplo, intuitivamente, sabemos que não devemos gastar dinheiro com TI antes de otimizarmos os processos de negócios. Nós sabemos disso, realmente sabemos – mas, de alguma maneira, no calor do momento, nem sempre fazemos isso. As empresas com conhecimento em TI embutem suas lições do passado – e de outras empresas – nos processos de governança. Praticamente, essas lições tomam vida como portais na metodologia do projeto para garantir que os erros do passado não serão repetidos. Em vez de vê-los como obstáculos, esses portais agregam valor ao possibilitar a reutilização, o compartilhamento e o tempo mais rápido para o mercado. No entanto, há uma curva de aprendizado, e inicialmente haverá resistência. Testemunhos de grandes sucessos amplamente disseminados, o equilíbrio correto de incentivos locais e globais, transparência dos processos de decisão e um processo de exceção rápido ajudam sua empresa a aprender com a experiência.

Como as empresas neste livro, sua empresa se tornará uma organização com conhecimento em TI e construirá uma plataforma digitalizada gradualmente – um projeto por vez. Você terá de refinar seus processos de governança de TI para incorporar novos aprendizados. Simplifique e se desfaça de mecanismos que não funcionam e reforce a cultura de aprendizado com a experiência.

FAÇA UM *BENCHMARK* DO CONHECIMENTO EM TI DE SUA EMPRESA

No anexo apresentamos um questionário que lhe permitirá avaliar o conhecimento em TI de sua empresa. Os resultados de muitas empresas, com as quais fizemos o *benchmark* no passado, formam uma curva em forma de sino, e você conseguirá ver onde se encaixa nessa curva. Tire uns dez minutos agora para responder a essas questões. Depois, leia a explicação no anexo sobre como interpretar sua pontuação e o que ela diz sobre as medidas que você deve tomar.

Outra maneira de avaliar sua empresa em termos de conhecimento em TI é fazer o seguinte cálculo para cada um dos grandes projetos de TI:

$$ROI_{\text{plano de negócios}} - ROI_{\text{revisão após a implementação}}$$

Totalize os resultados para todos os grandes projetos do ano passado. Nas empresas com conhecimento em TI, este total se aproxima de zero. À medida que você passa a ter mais conhecimento em TI, melhor você fica em estimar esses benefícios e entregar de acordo com esses benefícios estimados. Pelo fato de que normalmente apenas as empresas com conhecimento em TI fazem revisões após a implementação, apenas conseguir fazer esse cálculo já é evidência de conhecimento em TI!

PAPÉIS-CHAVE NAS EMPRESAS COM CONHECIMENTO EM TI

O capítulo 1 identificou três obsessões de empresas com conhecimento em TI: mudar o que está ultrapassado, construir uma plataforma digitalizada e explorar a plataforma para crescimento rentável. Toda a alta gerência, e não apenas o CIO, precisa ser obsessiva a respeito dessas tarefas. A jornada para tornar sua empresa uma organização com conhecimento em TI oferece oportunidades e desafios para todos na empresa. A Tabela 7-1 resume os papéis-chave de liderança em TI. Vamos rever três desses papéis:

Você e Todos os Altos Executivos

Você e seus colegas executivos são um fator crítico para o sucesso na jornada de sua empresa para torná-la uma organização com conhecimento em TI. Depende de você e de seus colegas desenvolverem uma cultura de conhecimento em TI e definir o modelo operacional. Em seguida, alocar esses recursos para implementar o modelo, determinar o nível de compromisso, comunicar e encorajar o comportamento desejado e avaliar o progresso. Nenhuma outra pessoa na empresa tem influência para fazer isso.

Pelo fato de a construção e utilização de uma plataforma digitalizada ser um processo de mudança na sua empresa para se adaptar às exigências da economia digital, você atacará essas responsabilidades ou sua empresa continuará achando que a TI é um obstáculo – em vez de um facilitador – ao sucesso dos negócios. Uma vez que você tenha se comprometido em construir uma plataforma digitalizada, descobrirá que, para poder participar, o restante do seu pessoal precisa de medidas claras da performance e transparência a respeito dos processos de decisão.

Dadas essas expectativas para a equipe da alta gerência, você deve estar se perguntando o que sobrou para o CIO. A resposta é: muito. O CIO faz parte da equipe da alta gerência e, consequentemente, compartilha todas as responsabilidades descritas anteriormente. Mas o CIO também tem um papel singular – possivelmente o mais importante na empresa para torná-la uma empresa com conhecimento em TI.

TABELA 7-1

Papéis principais de liderança de TI

CEO e altos executivos de negócios	• Esclarecer o modelo operacional e o que será padronizado e compartilhado. • Reforçar os padrões para os processos de negócios, dados e tecnologia. • Fazer o orçamento para inovação fora da plataforma. • Investir e prover recursos nas principais iniciativas para construir a plataforma. • Determinar as prioridades de financiamento de TI e supervisionar a performance. • Construir uma cultura digital e atribuir responsabilidades pelas plataformas digitalizadas e pelos processos de negócios na empresa toda. • Planejar governança e incentivos que reforçam o comportamento desejado.
CIO e os altos líderes de TI	• Administrar operações de TI de classe mundial, fazendo com que a performance seja transparente e adicionando serviços com o passar do tempo. • Administrar os dados da corporação para capacitar os funcionários. • Desenvolver padrões de tecnologia e conformidade e processos de exceção para construir suas plataformas. • Certificar-se de que todos aceitam a metodologia do projeto, os planos de negócios e as revisões após a implementação. • Desenvolver processos de custeio das unidades de TI e precificação dos serviços compartilhados de TI. • Defender os serviços e processos para serem compartilhados e padronizados.

Diretores de execução da estratégia (SEO ou donos dos processos)	• Projetar os processos de negócios e os requisitos de dados para a plataforma digitalizada. • Administrar a mudança e implementação – incluindo a otimização de processos, sistemas e treinamento. • Projetar as métricas de performance e as mudanças organizacionais requisitadas.
Líderes das unidades de negócios	• Esclarecer o modelo operacional local e inovar na plataforma. • Aceitar ou contestar um modelo operacional para a empresa toda. • Desenvolver requisitos locais do sistema. • Desenvolver planos de negócios. • Rastrear o valor dos negócios ante os planos de negócios.
Líderes de projetos	• Implementar a metodologia do projeto. • Tomar as decisões sobre exceções em primeiro nível. • Fazer revisões após a implementação.

Fonte: © 2009 MIT Sloan Center for Information Systems Research. Reproduzido com permissão.

O Papel do CIO

O CIO é responsável pela administração tranquila das operações de TI, governança de TI e implementação de novos projetos, 24 horas por dia, 7 dias da semana. O CIO tem um ponto de vantagem singular e é um dos poucos executivos que vê tudo na empresa. Assim sendo, o CIO está bem posicionado para reconhecer o que pode ser padronizado e compartilhado pela empresa.

A Tabela 7-1 realça algumas das principais responsabilidades do CIO para administrar as operações de TI e trabalhar com os líderes de negócios para definir os processos de negócios da corporação e padrões de dados. Mas muitos CIOs nos disseram que seus papéis estão mudando. Além de administrar a organização de TI de suas corporações, alguns CIOs são donos de processos de negócios, outros têm alvos de receitas, outros administram uma rede de subcontratados de TI e outros ainda administram os serviços compartilhados, incluindo RH, serviços financeiros e terceirização.

CIOs alocam seu tempo nas quatro áreas principais

Para entender melhor o trabalho de um CIO e ajudá-lo a determinar qual tipo de CIO você precisa, estudamos como os CIOs alocam seu tempo. Descobrimos que eles alocam seu tempo às quatro funções principais e que a maioria deles aloca um pouco de tempo para cada função. Entre os parêntesis temos a média de tempo alocado a cada função.[3]

- *Administrando os serviços de TI (44% do tempo do CIO):* administrando a organização de TI e seu pessoal e fornecedores para garantir a entrega da infraestrutura de TI, aplicativos e serviços relacionados por toda a empresa no custo, riscos e níveis de serviço desejados
- *Trabalhando com colegas que não são da área de TI (36%):* trabalhando com colegas que não são da TI, tanto na empresa toda quanto nas unidades de negócios, tratando de questões como estratégia de negócios, otimização dos processos de negócios, desenvolvimento de novos produtos ou serviço, aquisições, conformidade com a regulamentação e risco e priorização de investimentos em TI.
- *Trabalhando com os clientes (10%):* reunindo-se com os clientes externos da empresa, parceiros e colegas como parte do processo de vendas ou de entrega de serviços, incluindo o estabelecimento de *links* eletrônicos com os clientes.
- *Administrando os processos corporativos (10%):* administrando os processos corporativos e a plataforma digitalizada associada, incluindo serviços compartilhados, desenvolvimento de produtos, cadeia global de fornecimento, experiência dos clientes, operações, responsabilidade corporativa e questões ecológicas.

Embora a média de CIOs gaste 44% de seu tempo administrando os serviços de TI, essas alocações de média de tempo mascaram muitas das variações individuais. Por exemplo, Richard Hoynes, CIO da Tyco durante 2007-2008, herdou uma empresa que estava saindo de um turbilhão significativo. Seu foco estava na entrega de serviços de TI de classe mundial ao preço mais baixo possível por unidade. Para alcançar essa meta, Hoynes gastou mais de 50% de seu tempo nas tarefas de serviços de TI, particularmente na entrega e planejamento, focando na mensuração dos resultados como o custo por unidade de TI e a entrega do projeto.

Em contraste, Patricia Hewlett, ex-CIO e vice-presidente de TI na Exxon-Mobil, delegava a maior parte das responsabilidades pela operação diária de TI a um dos vários funcionários bastante capacitados que se reportavam diretamente a ela. Ela alocava 75% de seu tempo para trabalhar com os executivos que não eram de TI em estratégias de negócios, inovações, aquisições, grandes projetos e priorização dos gastos de TI.

Rosalee Hermans, CIO da Timberland, uma empresa de vestuário e calçados de US$ 1,7 bilhão, tem uma estrutura sólida de TI. Ela gasta 15% de seu tempo "fazendo com que a Timberland seja uma empresa fácil e barata com a qual negociar" e "tendo conversas automatizadas com os clientes", com um foco específico no desenvolvimento do mercado pequeno a médio, porém em crescimento, na Ásia e em outros lugares.

Classificamos os CIOs em quatro tipos – serviços, embutidos, clientes externos e processos corporativos – com base em como eles gastam seu tempo. Cada tipo de CIO gasta tempo acima da média em cada uma das quatro funções. A Tabela 7-2 descreve esses quatro tipos.

À medida que a empresa aumenta seu conhecimento em TI, as responsabilidades do CIO aumentam. Acreditamos que todos os CIOs ainda alocarão tempo a todas as quatro funções, mas a ênfase mudará à medida que o conhecimento em TI aumenta. Nos estágios 1 e 2 da jornada (veja o capítulo 4) o CIO deve focar na função de CIO de serviços. Quebras contínuas ou serviços medíocres de TI são insustentáveis para qualquer CIO. O CIO no estágio 2 da jornada para tornar uma empresa com conhecimento em TI deve ser uma pessoa fria e calculista, com o apoio da alta gerência, que, implacavelmente, movimenta a empresa em direção à padronização da tecnologia.

Uma vez que a função de CIO de serviços tenha sido dominada, o CIO pode focar na função embutida de trabalhar nos processos de negócios e questões de dados e em garantir a governança de TI eficaz da empresa. À medida que a empresa passa a se sentir confortável com a governança estabelecida, o CIO focará mais nos processos corporativos ou no papel de CIO de clientes. Esse último papel provavelmente emergirá em empresas onde o CIO tem um papel importante nas vendas ou no processo de entrega (por exemplo, fornecedores de tecnologia e serviços, alguns serviços financeiros, conferências telefônicas). Em outras empresas, vemos o CIO se direcionando para a administração de processos corporativos e talvez uma nova função – diretor de execução da estratégia, ou SEO.

TABELA 7-2

Quatro tipos de CIO

	Serviços	Embutidos	Cliente externo	Processos corporativos
Porcentagem de pesquisas atuais com CIOs	50% 1↓[a]	30% ↑	10% ↑	10% ↑
Foco	Serviços de TI na qualidade e custo correto	Trabalha com colegas que não são TI; estratégia, execução de processos de negócios e inovação	Ajuda a vender e entregar os serviços da empresa e faz com que esta seja fácil de negociar	Administra os processos corporativos (por exemplo, operações, desenvolvimento de produtos, serviços compartilhados)
Atividade do CIO com alocação de tempo acima da média	Administra os serviços de TI (acima de 44% do tempo do CIO)	Trabalha com os colegas que não são de TI (acima de 36% do tempo do CIO)	Trabalha com os clientes (acima de 10% do tempo do CIO)	Administra os processos corporativos (acima de 10% do tempo do CIO)
Métricas-chave	• Custo por unidade de TI e níveis de serviço • Satisfação do consumidor interno • Gestão do orçamento e de pessoas	• Agilidade nos negócios • Revisão de colegas • Performance financeira da empresa toda	• Alvos de receitas • Custos de serviços aos clientes • Satisfação de clientes externos	• Performance dos processos de negócios ou medidas que envolvem projetos especiais

Fonte: © 2009 MIT Sloan Center for Information Systems Research. Reproduzido com permissão.

a. Baseado em estimativas de 2009, feitas por Shawn Banerji, diretor-administrativo da Russell Reynolds, sobre a demanda para empregar CIOs. As setas representam a direção das tendências.

A Função do SEO

Temos discutido como as empresas com conhecimento em TI constroem e utilizam as plataformas digitalizadas. Entretanto, poucas empresas identificaram um único dono, em nível executivo, da plataforma de processos de negócios centrais. Como resultado, em muitas empresas, os benefícios potenciais da plataforma não se materializaram.[4]

Entra em cena o SEO – o diretor de execução da estratégia. Embora não haja ninguém que conhecemos que tenha este título, este é o nome genérico que demos para uma função que emergiu em algumas empresas com performance superior. O SEO assume a propriedade dos processos de negócios centrais da corporação. Em algumas empresas, o CIO assumiu esta função. Em outras, a função é exercida por um COO, pelo vice-presidente da cadeia global de fornecimento, pelo chefe de serviços compartilhados ou por um vice-presidente executivo geral.

Qualquer um que tenha o tipo de função de SEO tem três grandes responsabilidades pela construção e extração de valor da plataforma digitalizada:

1. *Construir a plataforma digitalizada:* a primeira responsabilidade de um SEO é planejar as mudanças em tecnologia, processos de negócios e dados, necessárias para construir a plataforma digitalizada. Toda a equipe da alta gerência deve definir a visão de alto nível e decidir o que será compartilhado pela empresa toda. Mas as empresas precisam de um único líder para comandar as atividades e decidir o que fazer e quando. O SEO aceita a responsabilidade de definir as prioridades na atividade de desenvolvimento.

2. *Liderar a mudança:* a mudança organizacional, necessária para implementar os processos de negócios padronizados, é dolorosa. Toda a equipe da alta gerência deve abraçar a mudança, porém uma mudança grande requer uma pessoa de ponta. O SEO se encaixa nessa função, garantindo o treinamento contínuo sobre os novos processos e sistemas. O SEO de algumas empresas assumiu a responsabilidade geral pela disciplina dos processos e pela melhoria contínua, tais como as atividades dos seis sigmas.

3. *Extrair valor da plataforma:* colocar os sistemas em seus devidos lugares é apenas o desafio inicial que um SEO enfrenta. O desafio contínuo é gerar benefícios da plataforma. O SEO é responsável por mensurar a performance de um processo central para garantir que a empresa alcance as mudanças comportamentais necessárias e seus resultados esperados. Para esclarecer as expectativas da gerência, o SEO, geralmente junto com outros altos executivos, talvez tenha de alterar os incentivos, as estruturas organizacionais, ou ambos.

Na BT, Al-Noor Ramji assumiu a função de CIO e chefe da experiência de clientes. Na Dow Chemical Corporation, o CIO Dave Kepler chefia a cadeia global de fornecimento e serviços compartilhados. Filipo Passerini na Procter & Gamble administra o Global Business Services. Todas essas são funções de SEO em empresas que reconheceram que elas não se beneficiariam de uma plataforma digitalizada se não colocassem um líder forte no comando. Se você tem uma plataforma de tecnologia que não esteja criando os benefícios comerciais esperados, considere nomear um SEO.

A Tabela 7-1 também resume algumas funções de liderança de TI mais profundamente na organização. A jornada para tornar sua empresa uma organização com conhecimento em TI começa com os altos executivos, o CIO e, em algumas empresas, o SEO. Mas os líderes de negócios e de TI por toda a empresa também têm papel relevante. É importante definir essas funções e cobrar responsabilidade dos gerentes.

O PAPEL DOS FORNECEDORES E DOS PARCEIROS

Resumimos as responsabilidades das pessoas-chave dentro da empresa, mas há também uma enorme indústria de provedores de serviços de TI e terceirizadores de processos de negócios para ajudá-lo a tornar sua empresa uma organização com mais conhecimento em TI. Na realidade, o potencial para terceirização da gestão da tecnologia e de processos de negócios poderá reduzir seu compromisso em embarcar na jornada para tornar sua empresa uma organização com conhecimento em TI. Não deixe que isso aconteça. Você deve, portanto, considerar a indústria de serviços de TI como uma parceira na sua jornada.

O Papel dos Fornecedores em Empresas Pequenas e Novas

A disponibilidade muito difundida de serviços externos de alta qualidade de TI e de processos de negócios significa que a maioria das empresas não precisa desenvolver especialistas em gestão da tecnologia. Se você é o líder em uma empresa pequena ou relativamente jovem, pode contar com um parceiro sólido de TI para prover a especialidade técnica necessária e administrar os requisitos de sua empresa à medida que ela cresce. Conforme a empresa evolui, você conseguirá escolher quais processos realizar internamente e quais realizar externamente. Um bom parceiro fornecedor pode contribuir com ideias, *upgrade* da tecnologia e aplicar práticas eficazes de gestão da tecnologia. Muitos fornecedores podem até mesmo ajudá-lo a moldar uma plataforma digitalizada e, em seguida, administrar a tecnologia e os processos de negócios para você.

Mas lembre-se de que sua plataforma digitalizada é a fundação para o seu negócio. Independentemente de quanta ajuda você tenha, você precisa ser o dono do modelo operacional, do design, das regras comerciais e das iniciativas de negócios que você extrai dela. Todos os problemas que atormentam as empresas bem estabelecidas permanecem sendo riscos para as empresas mais novas – com ou sem fornecedores parceiros. Com tantos parceiros entre os quais escolher, é fácil se habituar a correr atrás de uma melhor oferta do próximo vendedor persuasivo. Mas esse hábito quase certamente o levará ao caminho de usar a TI para metas táticas, em vez de estratégicas.

O design de uma plataforma digitalizada – e o compromisso para com ela – é responsabilidade da alta gerência. Nenhum fornecedor poderá impedi-lo de tomar decisões ruins. E nenhum fornecedor conseguirá extrair valor da TI por você. Você pode levar *consigo* um parceiro na jornada para tornar-se uma empresa com conhecimento em TI, mas não pode pedir a este parceiro que faça a jornada por *você*.

O Papel de Fornecedores em Empresas Grandes e Globais

Empresas grandes e mais estabelecidas devem aproveitar o mercado de serviços de TI. A Campbell Soup tem usado eficazmente um parceiro fornecedor para ajudá-la a, primeiramente, limpar suas operações de TI e, em seguida, assumir maior responsabilidade pela administração das operações, mas isso envolveu um esforço administrativo intenso por parte do cliente e do fornecedor.[5] Juntos, eles trabalharam para desfazer muitos dos hábitos ruins na administração da Campbell e uso da TI. O que isso significa para você é que seus parceiros fornecedores poderão ajudá-lo na sua jornada para tornar sua empresa uma organização com conhecimento em TI, mas eles não deixarão que você pule qualquer estágio.

A Dow Chemical Company começou a chamar fornecedores para ajudá-la a construir uma plataforma digitalizada no início dos anos 1990.[6] Um dos parceiros da Dow proporciona suporte à administração e desenvolvimento de projetos; outro administra as operações de infraestrutura. Com a ajuda desses parceiros, a Dow construiu uma plataforma digitalizada que suporta uma rede global de fornecimento, um ambiente de manufatura altamente padronizado e todos os serviços administrativos compartilhados da empresa. A plataforma ajudou a Dow a manter a lucratividade na indústria de *commodities*.

Seguindo em frente, a equipe da alta gerência da Dow espera que o sucesso da empresa dependa mais do desenvolvimento e da venda de produtos químicos especiais, e a Dow tem dependido muito das *joint ventures* para fazer o desenvolvimento de produtos. Mais de 25% da receita da Dow é gerada das *joint ventures*. Entretanto, a plataforma digitalizada da Dow não foi construída para cumprir os requisitos específicos de *joint ventures*. Para atualizar a plataforma digitalizada da empresa, a preferência da gerência é encontrar um conjunto de parceiros fornecedores que possam atualizar e administrar os principais sistemas de transação, assim como desempenhar muitos processos de negócios e serviços básicos.

Temos observado que, uma vez que a plataforma digitalizada é construída, a empresa deve se renovar constantemente. Essas "mexidas" constantes podem ser disruptivas por toda a empresa (pense na última vez em que sua empresa fez um *upgrade* no *software* de seus computadores). A ideia da Dow é terceirizar sua plataforma digitalizada como componentes grandes para empresas especializadas e deixá-las se preocuparem com a renovação. Até agora, a Dow encontrou fornecedores interessados, mas não um mercado real. Assim sendo, neste ponto, a terceirização modular da plataforma digitalizada de uma empresa global grande parece ser um desafio muito arriscado e caro.

Antecipamos que, à medida que mais empresas constroem plataformas digitalizadas, o mercado para os tipos de serviços que a Dow está procurando será materializado. Mesmo as empresas muito grandes terão a opção de enviar muitos processos de negócios básicos e tecnologia para empresas que se especializam nesses serviços. Mas isso não significa que você pode esperar para tornar sua empresa uma organização com conhecimento em TI. As empresas mais bem posicionadas para aproveitar esses tipos de serviços serão aquelas que estão muito à frente na jornada para se tornarem empresas com conhecimento em TI.

As empresas com conhecimento em TI entendem seus processos de negócios digitalizados – e os componentes desses processos – suficientemente bem para reconhecer quais serão tratados por um provedor de serviços e quais precisam ser mantidos na empresa. E os sistemas e processos que constituem suas plataformas são projetados de maneira (por exemplo, não como um emaranhado) que os componentes possam ser extraídos do resto da plataforma. Portanto, não espere que um fornecedor torne sua empresa uma organização com conhecimento em TI. Mas comece a trabalhar com os fornecedores para realçar seus serviços tecnológicos e para ajudá-lo a construir sua plataforma.

AS OBRIGAÇÕES DA SEGUNDA-FEIRA DE MANHÃ DAS EMPRESAS COM CONHECIMENTO EM TI

Dotar sua empresa com mais conhecimento em TI é responsabilidade de todos. Esperamos que para os leitores que chegaram até aqui, os benefícios estejam claros e compelidos, e mapeamos a jornada com algumas indicações claras. Acreditamos que conseguimos proporcionar vários exemplos motivacionais de empresas que alcançaram a excelência em partes em razão do seu conhecimento em TI.

Agora depende de você fazer com que sua empresa tenha mais conhecimento em TI todos os anos. Depende de você e de seus colegas na alta gerência construírem a plataforma digitalizada que possibilitará seu crescimento lucrativo na economia digital. Despedimo-nos com um conjunto de sete ações que você pode assumir hoje para começar a tornar sua empresa em uma organização com mais conhecimento em TI. Pense nessas sete ações como suas obrigações da segunda-feira de manhã para ter conhecimento em TI:

1. *Debata seu modelo operacional:* a TI não consegue fazer algo estratégico até que você decida como quer operar. Lembre-se de que a TI faz duas coisas muito bem – padronização e integração. Aproveite ao máximo o que a TI consegue fazer.
2. *Projete a sua governança de TI em uma página:* com base nas suas prioridades estratégicas, determine o conjunto pequeno de mecanismos de governança que envolverá todos os interessados em trabalhar para alcançar suas metas.
3. *Esclareça suas expectativas – e talvez suas métricas de desempenho – para seu CIO (e talvez SEO):* esse exercício deve envolver você e o CIO/SEO em uma discussão sincera sobre o papel da TI, seus atuais pontos fortes e fracos e o estágio em que sua empresa se encontra na jornada para se tornar uma empresa com conhecimento em TI.

4. *Crie um processo transparente de financiamento e priorização de TI:* declare os critérios e especifique quem tomará as decisões e será responsabilizado.

5. *Coloque alguém (muito capacitado) encarregado de projetar e executar um processo de revisão após a implementação:* comece aprendendo agora com seus projetos atuais.

6. *Avalie seu conhecimento em TI (veja anexo):* trace um plano para endereçar as principais áreas de problemas.

7. *Ajude seu pessoal a ter mais conhecimento em TI:* fazer com que seu pessoal tenha mais conhecimento em TI é um esforço geral, por toda a empresa, e um papel fundamental do RH, talvez em parceria com a TI. Trabalhe com o diretor de RH para perguntar: quão eficaz é o seu desenvolvimento profissional em relação ao seu conhecimento em TI? Quanto o nosso pessoal é capacitado pelos nossos sistemas? Como isso é mensurado?

Uma plataforma digitalizada permite que você continuamente otimize e retire os custos de seus processos centrais. Ao mesmo tempo, ela proporciona uma fundação para que seu pessoal explore com inovação e agilidade. Com o tempo, as novas ofertas tornam-se parte de uma plataforma ainda mais rica – e o ciclo virtuoso de inovação e padronização continua. Os resultados são crescimento lucrativo e pessoas capacitadas. Desejamos-lhe tudo de bom em sua jornada para tornar sua empresa uma organização com conhecimento em TI e sugerimos que você tome a liderança.

Anexo

Quanto Conhecimento em TI Você e Seus Colegas Têm?

Ao responder à avaliação seguinte, leve em consideração a parte da empresa que você conhece melhor.[1] Há cinco categorias de perguntas, sendo que cada uma delas tem uma caixa para sua resposta. Para a primeira categoria – "Compromisso da Alta Gerência para com a Tecnologia da Informação" –, leia as declarações, considerando a sua empresa. Em seguida, escolha uma resposta que vai de +8 (concordo plenamente – por exemplo, é bom andar sobre a água) para –8 (discordo plenamente – por exemplo, se afogar) que melhor representa a eficácia de sua empresa em todas as práticas e competências listadas. Se você acredita que sua empresa é acima da média para sua indústria, coloque zero (0). Em seguida, repita o processo para as outras quatro categorias.

1. Compromisso da Alta Gerência para com a Tecnologia da Informação

ALTOS GERENTES:	–8 0 +8
• Participam pessoalmente das reuniões do conselho de TI e não enviam representantes.	____
• Definem o grau alvo de padronização e integração dos processos de negócios e as capacidades necessárias da plataforma digitalizada (por exemplo, processos de negócios, dados e tecnologia).	____
• Exigem planos de negócios cuidadosamente considerados para investimentos com medidas e responsabilidades identificadas.	____
• Apoiam o uso estratégico de TI ao proporcionar capital semente que não requer justificativas financeiras tradicionais sobre o valor atual (VPL) e barram os projetos com desempenho ruim logo no início.	____
• Encorajam as revisões após a implementação que não são caça às bruxas e facilitam a concentração e disseminação das lições aprendidas.	
• Encorajam, financiam e ativamente apoiam o treinamento sobre o uso da TI.	____

2. Integração da TI com os Negócios

NA SUA EMPRESA EXISTEM/EXISTE:	–8 0 +8
• Considerações administrativas executivas da informação e implicações de TI nas discussões estratégicas sobre os negócios.	____
• Instruções regulares de alto nível sobre as implicações do desenvolvimento de TI na sua indústria.	____ ____
• Responsabilidades para alcançar as estratégias que são claras e documentadas.	
• Articulação dos papéis e responsabilidades de negócios e gestão da TI para alcançar eficácia e sistemas eficientes e entregar benefícios comerciais. Os gerentes são nomeados e responsabilizados.	____

3. Políticas Organizacionais e Turbulência Política

SUA EMPRESA:	–8 0 +8
• Exibe um forte senso de comunidade, um sentimento de interesses compartilhados e propósito e cooperação entre os gerentes. Isso é reforçado por sistemas de recompensa e incentivos que são baseados no equilíbrio correto da empresa toda e em medidas locais.	____
• Capta os dados relevantes em uma área comercial e voluntariamente os compartilha pela empresa. Oportunidades funcionais cruzadas e de negócios são ativamente buscadas para inovar, melhorar serviços e reduzir custos.	____
• Encoraja a cooperação através de equipes multifuncionais, *secondments* (requisições temporárias) e movimentação de pessoal.	____

4. Usuários Capacitados e Satisfeitos

HÁ:	–8 0 +8
• Um senso de capacitação por todas as pessoas na empresa resultante do acesso imediato aos dados e sistemas que auxiliam seus trabalhos.	_____
• Confiança dos sistemas e na totalidade das informações.	_____
• Um senso de relevância e exatidão das informações nos sistemas.	_____
• Suporte excelente proporcionado àqueles que usam os sistemas. *Help desks* são eficazes e a assistência do pessoal técnico é excelente.	_____
• Entendimento excelente do usuário resultante de sistemas fáceis de usar e bom treinamento.	_____
• Atitude e receptividade daqueles que proporcionam suporte aos sistemas é entusiástica e profissional.	_____

5. Aprender com a Experiência

SUA EMPRESA SEMPRE:	–8 0 +8
• Projeta novamente, simplifica ou replaneja os processos de negócios antes de gastar qualquer dinheiro em sistemas de informação.	_____
• Maximiza a reutilização dos processos de negócios e de componentes dos sistemas de informação.	_____
• Garante que todos os novos projetos de TI, que não sejam de infraestrutura, tenham um executivo como defensor com entregáveis claramente identificados e responsabilidades das pessoas de negócios e de TI.	_____
• Garante que os investimentos em infraestrutura sejam tratados separadamente dos investimentos em aplicativos para considerar sua natureza compartilhada e vida longa.	_____
• Encoraja o uso inovador de TI nas unidades de negócios, mesmo se os padrões da empresa toda nem sempre são seguidos. A integração pode ser alcançada mais adiante se for bem-sucedida.	_____

INTERPRETAÇÃO

Agora, some a pontuação das cinco áreas para obter um total que varia de –40 a +40. Quanto maior o número de colegas em sua empresa que completarem esta autoavaliação, mais exatos serão os resultados. Em seguida, faça a média de resultados para todos aqueles que responderam. Também é interessante ver as diferenças nas médias de pontuações de partes diferentes da empresa (por exemplo, TI e não TI, país de origem e país que não é de origem, unidades de negócios grandes e pequenas, atendimento direto aos clientes e escritório). Com base em nossas análises estatísticas de centenas de empresas, sua pontuação é uma aproximação do prêmio percentual que sua empresa recebe de seus investimentos em TI em relação à média. As pontuações sobre o conhecimento em TI de muitas empresas formam uma curva em formato de sino, com pontuações acima e abaixo de +40 e –40 (Figura A-1). Assim sendo, se sua empresa tem uma pontuação de conhecimento em TI de +6, você ganha um prêmio percentual de aproximadamente 6 sobre cada dólar investido em TI em relação à média de empresas. Se sua pontuação é -9, você tem um retorno de aproximadamente 9% abaixo da média.

FIGURA A-1

Curva em formato de sino da pontuação do conhecimento de TI

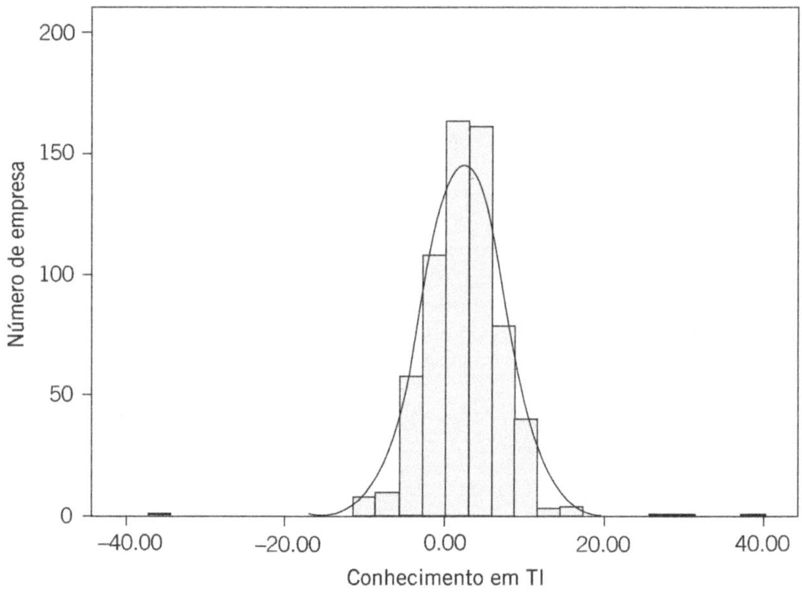

Fonte: © 2009 MIT Sloan Center for Information Systems Research. Reproduzido com autorização. Média = 2,3; desvio padrão = 5,1; amostra de 640 empresas em 23 países.

Assim sendo, o que sua pontuação sugere que você deva fazer? Se sua pontuação de conhecimento em TI é:

- *Acima de +20:* primeiramente, tire alguns minutos para comemorar – e depois se pergunte por quê. Se a resposta for um entendimento da empresa toda sobre digitalização e processos maduros de governança de TI que é parte da sua cultura, então assuma mais riscos de negócios com a TI. Gaste mais do que seus concorrentes com TI e reconsidere seu portfólio de TI com classes de ativos mais arriscados, como o uso da TI para gerar receitas (por exemplo, estratégico) e infraestrutura pela empresa toda. O conhecimento em TI mitigará o risco inerente desses investimentos. Se as pontuações altas de conhecimento em TI são resultados do talento de alguns indivíduos, é hora de converter esses esforços individuais em seus processos de governança e eventualmente em sua cultura. Caso contrário, quando esses indivíduos forem transferidos para outras funções, o conhecimento em TI ficará relegado a um segundo plano.

- *Entre 0 e +19:* o retorno que você obtém por dólar investido em TI está acima da média da indústria, mas ainda existem áreas prontas para melhorias. Dê uma olhada nas cinco categorias de perguntas sobre o conhecimento em TI na avaliação. Em seguida, escolha uma ou duas categorias nas quais você teve as pontuações mais baixas. Olhe a lista e pense sobre os itens que lhe fizeram dar uma nota mais baixa. Selecione um e faça deste sua meta pessoal para melhorar a sua performance e de seus colegas nesses itens – e converse sobre eles. O resultado será um maior conhecimento em TI e retornos mais altos por dólar investido em TI.
- *Entre –1 e –19:* o retorno que você obtém por dólar investido em TI está abaixo da média da indústria, e existem muitas áreas para melhorias. Siga o mesmo processo como no parágrafo anterior, mas entenda que a urgência é maior. Você está deixando vazar mais valor por dólar investido em TI do que a média de empresas e chegou a hora de aumentar seu conhecimento em TI – faça com que isso seja o projeto e responsabilidade de alguém. Se sua pontuação é abaixo de -9, sugerimos que você considere adiar alguns projetos de TI, especialmente os projetos de geração de receitas e de infraestrutura que são mais arriscados, até que o conhecimento em TI seja aumentado.
- *Entre –20 e –40*: seu caso exige ação imediata antes que o vazamento de valor seja severo. Recomendamos, como uma medida temporária, fazer com que todos seus projetos de TI sejam aprovados pelo CEO ou CFO para garantir medidas de controle mais rígidas, até que o conhecimento em TI seja aumentado. Concentre-se em projetos com ROIs baseados em economias de custos claras e adie os projetos grandes de infraestrutura onde for possível. Uma força-tarefa deve ser formada para

melhorar o conhecimento em TI da organização. Se uma unidade de negócios tem mais conhecimento em TI do que outra, considere transferir pessoas e práticas para a unidade com menos conhecimento em TI.

Com atenção, o conhecimento em TI aumentará com o tempo. Ao usar este mesmo questionário, você poderá avaliar o conhecimento em TI todos os anos e comparar as partes diferentes da empresa.

Notas

Prefácio e Agradecimentos

1. Nicolau Maquiavel, *The Prince*, tradução de R.M.Adams (Nova York: Norton, 1977), 1513.

Capítulo 1

1. O material sobre a Aetna neste capítulo foi tirado do trabalho 362 de Cyrus F. Gibson, "Turnaround at Aetna: The IT Factor", MIT Sloan School of Management Center for Information Systems Research, Cambridge, MA, 2006.
2. De uma apresentação intitulada "Leading Change: a Conversation with Ron Williams", realizada como parte da Série de Líderes Inovadores do Reitor da MIT Sloan School of Management Center for Information Systems Research, em 9 de outubro de 2008 (http://mitworld.mit.edu/video/614).
3. Os sistemas de planejamento dos recursos corporativos (frequentemente chamados de ERPs) são um meio de integrar os dados e processos de uma organização em um único sistema. Os sistemas de gestão do relacionamento com os clientes (ou CRMs) focam nas informações sobre os clientes e na otimização dos relacionamentos com os clientes. Os dois principais provedores de *software* ERP e CRM são SAP e Oracle, embora muitas companhias menores sirvam empresas médias e pequenas.
4. Para mais detalhes sobre como a 7-Eleven Japan usa a TI para vantagens estratégicas, veja o trabalho 338 de Kei Nagayama e Peter Weill, "7-Eleven Japan Co., Ltd.: Reinventing the Retail Business Model", MIT Sloan School of Management Center for Information Systems Research, Cambridge, MA, 2004. E também o *site* da 7-Eleven Japan, http://www.sej.co.jp/english/.
5. Veja o trabalho 318 de Jeanne W. Ross, "United Parcel Services: Delivering Packages and E-Commerce Solutions", MIT Sloan School of Management Center for Information Systems Research, Cambridge, MA, 2001, para uma descrição sobre o desenvolvimento da capacidade de TI da UPS.
6. Para mais detalhes sobre a organização de serviços compartilhados da P&G, veja "Governance of Global Shared Solutions at Procter & Gamble", de Peter Weill, Christina Soh

e Sia Siew Kien, instruções de pesquisa, volume VII, nº 3A, MIT Sloan School of Management Center for Information Systems Research, Cambridge, MA, 2007.

7. Pesquisa do CISR da MIT Sloan de 1.508 empresas em 60 países no final de 2007, na qual o CIO e o diretor de finanças de TI (na mesma empresa) foram entrevistados. Veja "Managing the IT Portfolio (Update 2008): It's All About What is New", de Peter Weill, Stephanie L. Woerner e Howard A. Rubin, instruções de pesquisa volume VIII, nº 2B, MIT Sloan School of Management Center for Information Systems Research, Cambridge, MA, 2008.

8. Para mais informações sobre os benefícios de uma plataforma digitalizada, veja "Understanding the Benefits of Enterprise Architecture", de Peter Weill e Jeanne W. Ross, instruções de pesquisa volume V, nº 2B, MIT Sloan School of Management Center for Information Systems Research, Cambridge, MA, 2005.

9. "How Good Is Your Online Nurse?" *Businessweek Online*, 20 de fevereiro de 2006, http://www.businessweek.com/magazine/content/06_08/b3972117.htm.

10. Para mais detalhes sobre esta pesquisa, veja "Generating Premium Returns on Your IT Investments", de Peter Weill e Sinan Aral, *Sloan Management Review* 47, nº 2 (2006): 39; e "Becoming More IT Savvy and Why It Matters", de Peter Weill, Stephanie Woerner, Sinan Aral e Anne Johnson, instruções de pesquisa volume VII, nº 1D, MIT Sloan School of Management Center for Information Systems Research, Cambridge, MA, 2007.

Capítulo 2

1. Esta seção foi extraída do caso "The CEMEX Way: The Right Balance Between Local Business Flexibility and Global Standardization", de Rebecca Chung, Donald Marchand e William Kettinger, Caso IMD-3-1341 (Lausanne, Suíça: IMD, 2005). Veja também o relatório anual de 2007 da CEMEX Corporation: http://www.cemex.com/CEMEX_AR2007/ENG/default.html.

2. Trabalho 318 de Jeanne W. Ross, "United Parcel Services: Delivering Packages and E-Commerce Solutions", MIT Sloan School of Management Center for Information Systems Research, Cambridge, MA, 2001.

3. Vídeo entrevista com Mike Eskew, ex-CEO da UPS, MIT Sloan School of Management Center for Information Systems Research, Cambridge, MA, 16 de abril de 2002.

4. Esta seção foi extraída de "Governance of Global Shared Solutions at Procter & Gamble", de Peter Weill, Christina Soh e Sia Siew Kien, instruções de pesquisa volume VII, nº 3A, MIT Sloan School of Management Center for Information Systems Research, Cambridge, MA, 2007.

5. Esta seção foi extraída de entrevistas conduzidas por Jeanne W. Ross e Cynthia M. Beath com executivos na PepsiAmericas em maio de 2008. Reproduzida com permissão.

6. Esta seção foi extraída do trabalho "ING Direct: The IT Challenge", de David C. Robertson, IMD-3-1345, Lausanne, Suíça, 2003.

7. "ING Direct Growing, Kuhlmann Says", *News Journal* (Wilmington, DE), 21 de outubro de 2008.
8. Para mais detalhes sobre os processos de governança da ING Direct, veja "IT Governance: How Top Performers Manage IT Decision Rights for Superior Results", de Peter Weill e Jeanne W. Ross (Boston: Harvard Business School Press, 2004, 161-162.
9. Esta seção foi extraída do trabalho 373 "Information and Transformation at Swiss Re: Maximizing Economic Value", de Cynthia M. Beath e Jeanne W. Ross, MIT Sloan School of Management Center for Information Systems Research, Cambridge, MA, 2007.
10. Yury Zaytsev e Jeanne W. Ross, "Building a Global Operating Platform at Swiss Reinsurance Company", instruções de pesquisa volume VIII, nº 1B, MIT Sloan School of Management Center for Information Systems Research, Cambridge, MA, 2008.
11. Beath e Ross, "Information and Transformation at Swiss Re".
12. Adaptado do livro *Enterprise Architecture as Strategy: Creating a Foundation for Business Execution*, de Jeanne W. Ross, Peter Weill e David Robertson (Boston, Harvard Business School Press, 2006).
13. Beath e Ross, "Information and Transformation at Swiss Re".
14. Para mais informações sobre a organização da Pfizer, veja *IT Governance*, de Weill e Ross, 172-173.
15. As suposições sobre o modelo operacional da Federal Express são baseadas na leitura do autor sobre informações publicamente disponíveis. Veja, por exemplo: Ali F. Farhoomand e Pauline Ng, "FedEx Corp.: Structural Transformation Through e-Business", Harvard Business School Press, Caso # HKU098, 1º de janeiro de 2000, revisado em 1º de agosto de 2007.
16. A medida para a eficácia da implementação estratégica foi uma média ponderada das prioridades da empresa para eficácia operacional, intimidade com os clientes, liderança do produto e agilidade estratégica em relação ao seu sucesso em alcançar cada um desses objetivos.
17. Baseado em uma pesquisa de 103 empresas. Essas eram medidas percentuais de quão bem os processos de negócios existentes possibilitados pela TI endereçavam cada uma dessas necessidades estratégicas. Os impactos estratégicos das três primeiras se referem às disciplinas descritas em *The Discipline of Market Leaders: Choose Your Customers, Narrow Your Focus, Dominate Your Market*, de Michael Treacy e Fred Wiersema (Reading, MA: Addison-Wesley, 1995). Adicionamos a agilidade estratégica devido à sua importância crescente para as empresas.
18. Modelos operacionais de subunidades serão limitados pelo modelo operacional de suas unidades. Isso significa que o modelo operacional de uma subunidade (por exemplo, unidade de negócios) deve ser, no mínimo, tão integrado ou padronizado quanto o modelo operacional da unidade (por exemplo, o da empresa). Assim sendo, os modelos operacionais de uma subunidade devem ser os mesmos que o modelo da unidade ou à direita ou acima na matriz 2 X 2 mostrada na Figura 2-1.

Capítulo 3

1. O material sobre a BT foi extraído de "Strengthening Engagement to Achieve IT-Enabled Transformation", de Nils O. Fonstad, Estudo de Caso da BT: Parte B, em preparação; "Enhancing Engagement at BT: An Update", de Nils O. Fonstad, instruções para pesquisa volume VII, nº 1B, MIT Sloan School of Management Center for Information Systems Research, Cambridge, MA, 2007 e "CIO 100 2008 Winner Profile: BT Group", *CIO Magazine,* http://www.cio.com/cio100/detail/1811.

2. Trabalho 369, "Building Business Agility at Southwest Airlines", de Cynthia M. Beath e Jeanne W. Ross, MIT Sloan School of Management Center for Information Systems Research, Cambridge, MA, 2007.

3. Pesquisa da MIT Sloan School of Management Center for Information Systems Research (CISR) conduzida em 1.508 empresas, em 60 países, no final de 2007. Este número é a porcentagem de empresas que responderam que suas revisões após a implementação foram 4 ou 5 em uma escala de 1 (ineficaz) a 5 (altamente eficaz).

4. Pesquisa da MIT Sloan CISR 2007 (veja a nota 3).

5. Ibid.

6. Para mais informações, veja "Managing the IT Portfolio (Atualização Cerca de 2008): It's All About What's New", de Peter Weill, Stephanie L. Woerner e Howard A. Rubin, instruções de pesquisa, volume VIII, nº 2B, MIT Sloan School of Management Center for Information Systems Research, Cambridge, MA, 2008.

7. Esta seção foi baseada em uma série de trabalhos sobre a gestão do portfólio de TI na MIT Sloan School of Management Center for Information Systems Research e no Melbourne Business School e foi extraída das seguintes fontes: "Generating Premium Returns on Your IT Investment", de Peter Weill e Sinan Aral, MIT *Sloan Management Review,* 47, nº 2 (2006): 39; e "IT Assets, Organizational Capabilities, and Firm Performance: How Resource Allocations and Organizational Differences Explain Performance Variation", de Sinam Aral e Peter Weill, *Organization Science* 18, nº 5 (2007): 763.

8. "Best Practices in IT Portfolio Management", de Mark Jeffery e Igmar Leliveld, MIT *Sloan Management Review* 45, nº 3 (2004): 41. O estudo, com entrevistas com 130 CIOs de empresas da *Fortune 1000* em 2003, foi conduzido pela Diamond, International and the Kellogg School of Management. A medida de lucro era o retorno sobre os ativos.

9. O estudo de caso da EMC foi baseado em uma série de entrevistas com altos executivos de TI e não TI pelos pesquisadores da MIT Sloan CISR, Peter Weill e Stephanie Woerner em 2007 e Jeanne Ross em 2008.

10. As porcentagens são baseadas em uma pesquisa da MIT CISR, feita em 2007, com 157 empresas na mesma indústria.

Capítulo 4

1. Material para a discussão sobre a Swiss Re foi extraído de "Building a Global Operating Plataform at Swiss Reinsurance Company", de Yury Zaytsev e Jeanne Ross,

instruções de pesquisa volume VIII, nº 1B, MIT Sloan School of Management Center for Information Systems Research, Cambridge, MA, 2008.
2. Veja o *site* da Swiss Re, http://www.swissre.com.
3. Esses estágios foram anteriormente relatados em "Creating a Strategic IT Architecture Competency: Learning in Stages", de Jeanne W. Ross, *MIS Quarterly Executive* 2, nº 1 (2003): 31; veja também *Enterprise Architecture as Strategy: Creating a Foundation for Business Execution*, de Jeanne W. Ross, Peter Weill e David Robertson (Boston: Harvard Business School Press, 2006).
4. Todas as estatísticas neste capítulo (a menos que haja alguma observação) são da pesquisa do MIT Sloan School of Management Center for Information Systems Research no final de 2007, com 1.508 empresas em 60 países.
5. Cotado da apresentação de Rebecca Rhoads, "Leading the IT Organization at Raytheon" (apresentação no MIT Sloan School of Management Center for Information Systems Research, Sessão de Verão, junho de 2005).
6. Trabalho 369, "Building Business Agility na Southwest Airlines", de Jeanne W. Ross e Cynthia M. Beath, MIT Sloan School of Management Center for Information Systems Research, Cambridge, MA,2007.
7. Tom Steiner-Threlkeld, "Nestlé Pieces It Together", *Baseline* 54, (2006): 36.
8. Dado o tamanho pequeno da amostra e o custo alto dos primeiros adotadores, os orçamentos operacionais de TI altos podem exagerar os modelos de gastos de empresas que se movimentam para o estágio 4 no futuro.
9. Material para a discussão sobre o eBay foi extraído de uma apresentação do CIO Brad Peterson, na classe 15.571 no MIT Sloan School, "Getting Business Value from IT", e de uma entrevista de Brad Peterson, gravada em vídeo, no MIT CISR em 13 de março de 2008. Informações adicionais do site www.ebay.com.
10. "Cisco Systems Inc.: Acquisition Integration for Manufacturing (A)", de Steven C. Wheelwright, Charles A. Holloway, Christian G. Kasper e Nicole Tempest, Caso # 60001 da Harvard Business School, 10 de agosto de 1999, revisado em 15 de fevereiro de 2000.
11. "Amazon Web Services", http://aws.amazon.com/
12. Entrevistas conduzidas por Jeanne W. Ross e Cynthia M. Beath com executivos na PepsiAmericas em maio de 2008. Reproduzido com permissão.

Capítulo 5

1. Vídeo entrevista com Mike Eskew, ex-CEO da UPS, MIT Sloan School of Management Center for Information Systems Research, Cambridge, MA, 16 de abril de 2002.
2. Veja *IT Governance: How Top Performers Manage IT Decision Rights for Superior Results*, de Peter Weill e Jeanne W. Ross (Boston: Harvard Business School Press, 2004), 14. Este resultado é de 116 empresas com fins lucrativos listadas nas bolsas de valores dos EUA. Avaliada pelo CIO, a eficácia da governança foi o sucesso da empresa em entregar quatro objetivos da TI, ponderados por importância: uso de custo eficaz da TI e uso

eficaz da TI para utilização do ativo, crescimento da receita e flexibilidade nos negócios. A eficácia da governança tem um relacionamento estatisticamente positivo com várias medidas de performance financeira (por exemplo, retorno sobre o patrimônio, crescimento da capitalização de mercado).

3. O estudo de caso da Campbell foi extraído do trabalho 374, "Campbell Soup Company: Harmonizing Processes and Empowering Workers", de Jeanne W. Ross e Cynthia M. Beath, MIT Sloan School of Management Center for Information Systems Research, Cambridge, MA, 2008.

4. Empresas sem esses cinco mecanismos têm eficácia da governança de TI estatisticamente muito mais baixa (veja a nota 2 para mais detalhes).

5. As fontes para o estudo de caso da State Street Corporation são: trabalho 327, "State Street Corporation: Evolving IT Governance", de Peter Weill e Richard Woodham, MIT Sloan School of Management Center for Information Systems Research, Cambridge, 2002; *IT Governance: How Top Performers Manage IT Decision Rights for Superior Results*, de Peter Weill e Jeanne W. Ross (Boston: Harvard Business School Press, 2004) e entrevistas com executivos da State Street em 2002, 2003, 2004, 2005, 2006, 2007 e 2008; e http://statestreet.com/.

6. A Figura 5-3 foi desenvolvida por Peter Weill e Nils O. Fonstad a partir da estrutura do modelo de engajamento em TI desenvolvido por Nils O. Fonstad. Para mais informações sobre o modelo de engajamento em TI, veja "Enhancing Engagement at BT: An Update", de Nils O. Fonstad, instruções de pesquisa volume VII, nº 1B, MIT Sloan School of Management Center for Information Systems Research, Cambridge, MA, 2007.

7. *IT Governance* 13, por Weill e Ross, onde o resultado foi de 38%. Em nossas pesquisas subsequentes no MIT Sloan School of Management Center for Information Systems Research, em 2005, 2006, 2007 e 2008, o resultado gradualmente aumentou para 46%.

8. Veja *IT Governance* 218, por Weill e Ross.

9. *Enterprise Architecture as Strategy: Creating a Foundation for Business Execution*, de Jeanne W. Ross, Peter Weill e David Robertson (Boston: Harvard Business School Press, 2006) e Rebecca Rhoads, CIO Raytheon Corporation (apresentação durante a Sessão de Verão do MIT Sloan School of Management Center for Information Systems Research, 16 de junho de 2005).

Capítulo 6

1. Detalhes sobre a 7-Eleven Japan foram extraídos do trabalho 338 "7-Eleven Japan Co., Ltd.: Reinventing the Retail Business Model", de Kei Nagayama e Peter Weill, MIT Sloan School of Management Center for Information Systems Research, Cambridge, MA, 2004; "7-Eleven Japan: Managing a Networked Organization", de Ben M. Bensaou, H. Uchino, K. Mitani e M. Noishiki, 05/7-4690, INSEAD, Euro-Asia Centre, 1997 e visitas dos pesquisadores da MIT CISR.

2. A história sobre as inovações da 7-Eleven Japan foram extraídas de http://www.sej.co.jp/english/company/history.html.
3. Esta lista de iniciativas relacionadas à agilidade nos negócios resultou de entrevistas com 32 executivos de TI, conduzidas por Jeanne W. Ross e Cynthia M. Beath no outono de 2005. Veja "Enabling Agility: People, Process, and Technology", de Jeanne W. Ross e Cynthia M. Beath, instruções de pesquisa volume VI, nº 1C, MIT Sloan School of Management Center for Information Systems Research, Cambridge, MA, 2006.
4. Trabalho 374, "Campbell Soup Company: Harmonizing Processes and Empowering Workers", de Jeanne W. Ross e Cynthia M. Beath, MIT Sloan School of Management Center for Information Systems Research, Cambridge, MA, 2008.
5. A Lei Sarbanes-Oxley de 2002 criou uma diretoria composta de cinco membros para supervisionar a contabilidade de empresas públicas, a qual tem autoridade para estabelecer e impor auditorias, atestações, controle da qualidade e padrões de ética dos auditores de empresas públicas. (De AICPA, "Landmark Accounting Reform Legislation Signed into Law", http://www.aicpa.org/pubs/cpaltr/Set2002/landmark.htm.).
6. Trabalho 373, "Information and Transformation at Swiss Re: Maximizing Economic Value", de Cynthia M. Beath e Jeanne W. Ross, MIT Sloan School of Management Center for Information Systems Research, Cambridge, MA, 2007.
7. "Governance of Global Shared Solutions at Procter & Gamble", de Peter Weill, Christina Soh e Sia Siew Kien, instruções de pesquisa volume VII, nº 3A, MIT Sloan School of Management Center for Information Systems Research, Cambridge, MA, 2007.
8. Trabalho IMD-3-1345, "ING Direct: The IT Challenge (B)", de David C. Robertson, IMD, Lausanne, Suiça, 2003 e *IT Governance: How Top Performers Manage IT Decision Rights for Superior Results*, de Peter Weill e Jeanne W. Ross (Boston: Harvard Business School Press, 2004), 161-162.
9. Trabalho 318 de Jeanne W. Ross, "United Parcel Services: Delivering Packages and E-Commerce Solutions", MIT Sloan School of Management Center for Information Systems Research, Cambridge, MA, 2001.
10. A discussão sobre a segmentação de clientes da PepsiAmericas foi extraída de entrevistas conduzidas por Jeanne W. Ross e Cynthia M. Beath com executivos da PepsiAmericas em maio de 2008. Reproduzido com permissão.
11. Trabalho 373, "Information and Transformation at Swiss Re: Maximizing Economic Value", de Cynthia M. Beath e Jeanne W. Ross, MIT Sloan School of Management Center for Information Systems Research, Cambridge, MA, 2007.
12. A discussão sobre a CEMEX foi baseada no caso "The CEMEX Way: The Right Balance Between Local Business Flexibility and Global Standardization", de Rebecca Chung, Donald Marchand e William Kettinger, Caso IMD-3-1341 (Lausanne, Suiça: IMD, 2005) e no caso "CEMEX: Global Growth Through Superior Information Capabilities", de Rebecca Chung, Katarina Paddack e Donald Marchand, Caso IMD-3-0953 (Lausanne, Suíça: IMD,2003).

13. Para uma explicação sobre os perigos de mudanças tecnológicas disruptivas, veja "Meeting the Challenge of Disruptive Change", de Clayton Christensen e Michael Overdorf, *Harvard Business Review*, 1º de março de 2000, Reimpressão R00202.
14. Veja o *site* http://dell.com para mais informações sobre o modelo comercial da Dell e as linhas de produtos e serviços.
15. Trabalho 318 de Jeanne W. Ross, "United Parcel Services: Delivering Packages and E-Commerce Solutions", MIT Sloan School of Management Center for Information Systems Research, Cambridge, MA, 2001 para uma descrição sobre o desenvolvimento de uma capacidade de TI da UPS.

Capítulo 7

1. "Becoming More IT Savvy and Why It Matters", de Peter Weill, Stephanie Woerner, Sinan Aral e Anne Johnson, instruções de pesquisa, volume VII, nº 1D, MIT Sloan School of Management Center for Information Systems Research, Cambridge, MA, 2007.
2. Trabalho 317, "E-Business at Delta Airlines: Extracting Value from a Multi-Faceted Approach", de Jeanne W. Ross, MIT Sloan School of Management Center for Information Systems Research, Cambridge, MA, 2007.
3. Esta seção sobre o CIO derivou de: "How CIOS Allocate Their Time", de Peter Weill e Stephanie L.Woerner, instruções de pesquisa volume VIII, nº 1A, MIT Sloan School of Management Center for Information Systems Research, Cambridge, MA, 2008 e "The Future of the CIO", de Peter Weill e Stephanie L.Woerner, instruções de pesquisa volume IX, nº 1, MIT Sloan School of Management Center for Information Systems Research, Cambridge, MA, 2009.
4. "Who Owns Strategy Execution in Your Company?", de Jeanne W. Ross e Peter Weill, instruções de pesquisa volume VII, nº 2C, MIT Sloan School of Management Center for Information Systems Research, Cambridge, MA, 2007 e "All Roads Lead to the SEO", de Jeanne W. Ross e Peter Weill, *The Wall Street Journal*, 16 de junho de 2007.
5. Para mais informações sobre os arranjos de terceirização da Campbell, veja o Capítulo 7 em *Enterprise Architecture as Strategy: Creating a Foundation for Business Execution*, de Jeanne W. Ross, Peter Weill e David Robertson (Boston: Harvard Business School Press, 2004), 143. Sugerimos que as empresas que estejam considerando a terceirização de TI e dos processos de negócios leiam este capítulo para entenderem melhor como a terceirização está relacionada à construção de uma plataforma digitalizada.
6. Para mais informações sobre as iniciativas de terceirização da Dow, veja o trabalho 355, "The Federated Broker Model at The Dow Chemical Company: Blending World Class Internal and External Capabilities", de Jeanne W. Ross e Cynthia M. Beath, MIT Sloan School of Management Center for Information Systems Research, Cambridge, MA, 2005.

Anexo

1. Por mais de dez anos, o MIT Sloan School of Management Center for Information Systems Research coletou dados sobre os investimentos em TI, práticas e competências de empresas que têm conhecimento em TI (mensuradas de várias maneiras diferentes) e performance da empresa (em relação aos concorrentes na indústria). As empresas que eficazmente implementaram as práticas e competências, descritas nos 25 itens na avaliação apresentada neste anexo, também tiveram impactos da performance financeira estatisticamente muito mais altos com seus investimentos em TI. As questões na avaliação são representativas das práticas e competências exibidas pelas empresas que têm conhecimento em TI, porém não cobrem o conjunto todo. Para mais informações, veja "Generating Premium Returns on Your It Investments", de Peter Weill e Sinan Aral, *MIT Sloan Management Review* 47, nº 2 (2006), 39; "IT Assets, Organizational Capabilities, and Firm Performance: How Resource Allocations and Organizational Differences Explain Performance Variations", de Sinan Aral e Peter Weill, *Organization Science* 18, nº 5 (2007): 763 e "Becoming More IT Savvy and Why It Matters", de Peter Weill, Stephanie Woerner, Sinan Aral e Anne Johnson, instruções de pesquisa, volume VII, nº 1D, MIT Sloan School of Management Center for Information Systems Research, Cambridge, MA, 2007.

Índice Remissivo

I

J

K

L

M

N

O

P

R

S

T

U

V

W

Z

Sobre os Autores

Peter Weill é presidente do Center for Information Systems Research (CISR) do MIT Sloan School of Management e pesquisador sênior do MIT. Seu trabalho de pesquisa e consultoria centraliza-se no impacto estratégico, valor e governança de TI nas corporações. Ele tem apresentado-se com frequência em fóruns da indústria, escolas de executivos e programas de MBA sobre o valor de negócios da TI. Já publicou vários livros premiados, artigos em jornais e estudos de casos. Entre eles está seu livro *Enterprise Architecture as Strategy: Creating a Foundation for Business Execution*, em coautoria com Jeanne W. Ross e parceria com com David C. Robertson, e *IT Governance: How Top Performers Manage IT Decision Rights for Superior Results* (Harvard Business School Press, 2004). Ele também foi coautor do best-seller *Leveraging the New Infrastructure: How Market Leaders Capitalize on Information Technology* (Harvard Business School Press, 1998) e *Place to Space: Migrating to eBusiness Models* (Harvard Business School Press, 2001), com o qual ganhou um prêmio do *Library Journal of America* como o melhor livro de negócios do ano. Em 2008, Ziff-Davis reconheceu Peter como o vigésimo quarto das "Top 100 Pessoas Mais Influentes em TI".

Jeanne W. Ross é diretora e pesquisadora cientista principal no Center for Information Systems Research do MIT Sloan School of Management. Sua pesquisa se concentra nas implicações organizacionais e de performance de iniciativas de corporações em relação à arquitetura da corporação, governança e práticas administrativas de TI. No MIT, ela faz preleções, conduz pesquisas e ministra cursos para executivos sobre a gestão de TI. Ela tem várias publicações, como artigos em jornais, capítulos de livros e estudos de casos. Seus livros anteriores, em coautoria com Peter Weill – *Enterprise Architecture as Strategy: Creating a Foundation for Business Execution* (em parceria com David C. Robertson) e *IT Governance: How Top Performers Manage IT Decision Rights for Superior Results* –, também foram publicados pela Harvard Business School Press. Ela regularmente realiza palestras em fóruns de discussão sobre gestão de TI e valor e é editora-fundadora e executiva do *MIS Quarterly Executive*.